마음
읽기
수업

믿지 말고, 생각하고, 읽어 내라!
마음 읽기 수업

초판 1쇄 인쇄 2021년 3월 2일
초판 1쇄 발행 2021년 3월 10일

지은이 김미애

발행인 백유미 조영석

발행처 (주)라온아시아

주소 서울특별시 서초구 효령로 34길 4, 프린스효령빌딩 5F

등록 2016년 7월 5일 제 2016-000141호
전화 070-7600-8230　　**팩스** 070-4754-2473

값 14,800원
ISBN 979-11-92072-29-6 (03190)

라온북은 독자 여러분의 소중한 원고를 기다리고 있습니다. (raonbook@raonasia.co.kr)

마음
읽기
수업

김미애 지음

RAON
BOOK

조직 내에서 실제로 접목할 수 있는 내용이 담겨 있어 인상적이었고 공감도 많이 되었습니다. 직장 내에서 상대방과 대화할 때 어떻게 하면 좋은지, 유형에 따라 대화는 어떻게 달라지는지 등 사례를 바탕으로 한 저자의 강의는 마음에 확 와닿았습니다. 저자의 책 출간 소식을 듣고 너무 기뻤습니다. 이 책을 통해 많은 사람이 소통 능력과 상대의 마음을 헤아리는 기법 등을 얻어가시길 바랍니다.

_강소라(한국보건산업진흥원 보건산업육성단 연구원)

대학 내 특강으로 진행된 셀프리더십 강의는 진로, 취업 등 고민이 많은 재학생에게 큰 도움이 되는 강의였습니다. 저자를 한마디로 말하면 '인생을 열심히 살아가는 긍정의 아이콘'으로 말할 수 있습니다. 자신을 잘 이끌어가고 다른 이들에게도 귀감이 되는 저자의 인생과 이야기를 통해 많은 분에게 도움이 되길 바랍니다.

_김향은(고신대학교 사회복지학과 교수)

저자의 강의는 들을 때마다 설레고 기대가 됩니다. 공감되는 내용과 실질적인 내용으로 구성되어 있어 시간 가는 줄 모르게 몰입하곤 합니다. 강의만 들었을 뿐인데 무언가 해낼 수 있을 것만 같은 동기부여도 되고 자신감도 생겨 저에게 큰 힘이 되었습니다. 힘든 일이 있어서 상담 요청을 하면 늘 진심으로 경청해주고 위로와 공감을 해줘서 다시 일어설 힘을 얻기도 합니다. 교육생들에게 가장 좋은 것을 주려고 강의에 영혼을 갈아 넣으시는 모습에 늘 감사합니다. 저자를 통해 저처럼 많은 사람이 마음의 위안과 도움을 얻길 바랍니다.

_남해안(산내초등학교 교사)

오래전 저자의 멘토링 수업을 들었을 때 내 안의 보석을 찾은 기분이었습니다. 무엇보다도 더불어 살아가는 이 세상에 제가 알고 있는 것을 남에게 쉽게 전달한다는 것이 얼마나 어렵고 또 힘든 일인지 깨닫게 되었습니다. 이를 계기로 저는 한층 더 성장했고 더 넓은 세상을 경험하기 위해 오늘도 배움의 끈을 놓지 않고 열심히 살아가고 있습니다. 저에게는 커뮤니케이션과 배움의 중요성, 새로운 동기부여를 불어넣어준 값진 시간이었습니다. 이 책을 읽는 누군가도 저처럼 값진 시간을 얻게 되기를 응원하겠습니다.

_류원천(서대문경찰서 경위)

저자는 한마디로 말하면 재미있고 의미 있는 강의를 하시는 분입니다. 일에 대한 열정도 대단하시지만, 교육생들의 눈높이에 맞춰진 강의 구성과 사람을 향한 따뜻한 마음 때문에 더욱 사람들의 마음에 와닿는 것 같습니다. 이 책을 통해 코로나19로 인해 모든 게 내 마음 같지 않아 지치는 요즘 상황에 어떻게 내 감정을 컨트롤할 수 있는지 익힐 수 있었고, 대면 만남 지양으로 인해 다소 움츠러든 대인관계에 관한 해법도 알 수 있어 좋았습니다. 저자의 다양하고 오랜 전문 경험이 담긴 이 책을 많은 사람이 읽기를 바랍니다.

_윤성만(하나투어 인재개발팀 팀장)

코로나19 장기화로 많은 기업체에서 밀집도를 떨어뜨리기 위한 사회적 거리두기를 시행하며 '부서 내 소통'과 '부서 간 협업'을 강조하고 있습니다. 하지만 이러한 방침으로 일상이나 사회 속 관계의 심리까지 거리두기로 이어지면 안 될 것 같습니다. 저자의 강의를 통해 기업체에 꼭 '필요한 소통하는 조직문화'와 '커뮤니케이션 강화' 노하우를 접하게 되어 많은 도움이 되었습니다. 이 책을 읽는 다른 분도 심리적으로 더 편안하고 단단한 사회생활을 할 수 있게 되길 바랍니다.

_최영두(KT 그룹인재개발실 팀장, 부산대학교 EU센터 연구교수)

좋은 사람 곁에는
좋은 사람들이 함께한다

'눈물이 많으면 고생한다'

어린 나이에 들었던 많은 말 중에 특히 기억에 남는 말이다. 학교에서 있었던 일을 즐겁게 쫑알거리던 밝은 모습과 동시에 주위 사람들의 슬픔에 공감을 많이 하던 나는 눈물도 참 많았던 것 같다. 나의 그런 모습에 엄마가 항상 하시던 말이기도 하다. 어린 시절, 엄마가 무척 고단하고 힘들어 보이던 날이 있었다. 어떤 삶의 무게가 엄마를 누르고 있었는지 자세히 알지도 못하면서 엄마의 뒷모습에 참 마음이 아팠었다. 그 모습을 한참 동안 지켜본 나는 결국 울고 말았다.

아마도 눈물을 흘리지 않고 담담한 엄마의 얼굴에 담긴 슬프고 서러운 감정을 느꼈는지도 모르겠다. 나를 보고 엄마는 "눈물 많으면 고생한다니까……"라고 말하시고는 내 얼굴을 닦아주셨다. 그때는 알지 못했다. 엄마가 우는 방법을 몰라서 울지 않는 것이 아니라는 것을, 그저 참고 있었다는 것을, 그저 참아내고 있다는 것을 말이다. 슬프고 서러운 감정을 넘어선 단념하고 체념하는 감정이었다는 것을 조금 크고 나서 알게 되었다. 어릴 때는 엄마의 마음을 느끼기만 했었는데, 어른이 되고 나니 그 마음을 읽을 수 있게 되었다.

어른이라는 나이가 되고, 여러 기업과 기관에서 강의하는 강사가 된 나는 정말 많은 사람을 만나며 살고 있다. 한 번에 천 명을 만나기도 하고, 한 명을 아주 여러 번 만나기도 한다. 그렇게 사람들을 만나면서 나는 많이 행복했다. 내가 그들에게 어떤 긍정적인 역할을 하는 것이 의미가 있고 기뻤다.

"무슨 강의를 하세요?"라고 물어보면 "돈 되는 건 다 해요"라고 웃으면서 너스레도 떠는 나는 리더십, 조직문화, 스트레스 관리, 강사 양성 등 참 다양한 주제로 강의하며 정말로 돈 되는 것은 다 할 줄 아는 강사로 성장했다. 그 돈 되는 일을 하는 것에 비해 머리 굴려가며 사업을 하지 않은 터라 강의하고 나면 돈이 아닌 많은 사람의 따뜻한 마음들이 남았다.

"맞아요. 정말 그랬어요. 딱 제가 그랬다니까요."

내가 상대방과 이야기를 할 때 자주 듣는 말이다. 고객사의 고민이 내 고민이기도 하고, 업무적인 고민이든, 업무와 관련된 사람과 사람 사이에 생겨나는 고민이든, 개인적인 진로 상담이든 여러 이야기를 나누고 서로 방향을 잡다 보면 결국에는 좋은 방향으로 결론이 나고 또 무언가를 이루어내고는 했다. 어떤 분은 직장 내에서 학력이 콤플렉스였는데 다시 학교에 다니게 되었다고 하고, 또 어떤 분은 마음의 어려움을 극복하고 열심히 일해서 승진을 했다고 하고, 또 어떤 분은 '김미애도 이렇게 열심히 사는데 나도 뭔가 해야 하지 않나?'라는 생각에 새로운 일을 시작했다고 한다.

이 외에도 회사 내에서 관계 맺기의 어려움을 겪는 분이 있었는데, 마음을 읽어드리니 관계의 편안함을 알게 되었다며 때려치우려던 회사에서 생각지 못한 비전을 찾았다고 했다. 어떤 분은 워킹맘으로서의 죄책감을 조금 덜어낼 수 있었다며 퇴근길 집으로 갈 때 기분이 좋다고 하셨다.

이렇듯 다들 자신의 마음을 읽자 무언가를 변화하거나 새롭게 시작하는 계기가 되었다. 그러나 내가 어떤 대단한 것을 한 것은 아니다. 아무것도 하지 않았다. 그저 이야기를 나누었고, 마음을 읽어준 것 그것뿐이다.

'우리는 어른일까?'

나이가 들어갈수록 어른스럽게 생각하고 행동해야 하는 '어른' 그리고 그런 어른이라고 불리는 우리는 모두 동일하게 성장하지 않는다. 때로는 성장하지 못한 모습을 스스로 느끼기도 하고, 나이와 상황과 상관없이 나보다 훨씬 어른스러운 상대방을 만나기도 한다. 그런 서로의 다름을 계속 느끼며 성장하는 것이다. 그리고 그런 가운데 마음 관리를 잘 못하는 사람을 만나기도 한다. 때로는 자신이 그런 사람이 되기도 한다. 그런 모습에 대해서 스스로 생각하지 않고 고민하지 않고 지내다 보면, 나 자신의 행동이 다른 사람들에게 불편함을 줄 수 있고 또는 그런 사람들로 인해서 내가 힘들 수도 있다.

살아가다 보면 이런 '어려움'이라고 느껴지는 일들이 계속해서 생겨난다. 앞으로 찾아올 수도 있고, 이미 지나갔을 수도 있고 아니면 지금 겪고 있을 수도 있다. 그렇다면 그 일들이 다시 평온함을 찾을 때까지 얼마나 오랜 시간이 걸릴까? 고민하는 시간이 길어질수록 우린 점점 지쳐갈 수도 있다. 이제는 그런 어려움 앞에서 당당히 다시 일어섰으면 좋겠다. 되도록 많은 사람이 말이다.

이 책에는 지금까지 내가 살아오면서 겪은 일들, 회사 생활을 하면서 느꼈던 여러 감정, 강의하면서 이야기하고 들은 다양한 고민이 솔직하게 담겨 있다. 스트레스, 외로움, 열등감, 자존감 등 나를 힘들게 했던 감정의 원인을 파악하고 컨트롤하는 방법과 나도 몰랐던 나의 감정 또는 궁금했던 상대의 감정 등 상황에 따른 사람의 마음 읽기 기술에 관해 이야기하고자 했다.

이 책을 통해 무작정 100미터 달리기하듯이 뛰어가는 게 아니라 차분하게 내 마음과 몸의 상태가 달리기할 상태인지 스스로 읽어보길 바란다. 그리고 혼자 뛰는 게 아닌 이상 함께 뛰는 사람들의 마음도 읽어주길 바란다. 그리하여 내 마음도 돌아보고, 상대방의 마음도 안아줄 수 있는 출발점이 되길 바란다.

내 주위에 좋은 사람들이 함께하길 바라는 마음으로 나는 오늘도 좋은 사람이 되고자 다시 한번 나를 되돌아본다. 그리고 당신을 돌아본다.

김미애

차 례

1장 ● 마음 읽기는 곧 나를 읽는 것이다

2장 ◉ 내 마음도 모르고 저지르는 오류

3장 ◖ 저 사람은 왜 저럴까? 마음을 읽는 방법

4장 ◉ 마음의 파도를 넘는 일곱 가지 방법

마음 읽기는 곧
나를 읽는 것이다

마음 읽기란 솔직함을 향해 가는 과정이다

마음 읽기는 무엇인가?

:

　사람들을 만나면 걱정하고 있는 현재의 일들, 고민되는 미래, 잊지 못하는 과거에 관한 이야기를 많이 듣는다. 일로 만난 사이라도 직책이 높든 그렇지 않든 어느새 친구처럼 회사 이야기, 가족 이야기, 살아가는 이야기를 나눈다. 그렇게 이야기를 듣다 보면, 어떤 때에는 상대의 마음이 '아! 지금 이렇구나!'라는 순간의 깨달음으로 읽혀지기도 한다. 그때 내가 "지금 이렇다는 거죠?"라고 이야기하면 "맞아요. 어떻게 내 마음을 그렇게 잘 알아요?"라고 말한다.

　어떤 사람은 그런 능력을 공감 능력이라고 말하기도 하고,

어떤 사람은 거리에 돗자리 깔라고 하듯 직관적으로 상대방의 마음을 알아채는 비범한 기술이라고 말하기도 한다. 나는 '마음 읽기'라고 말하고 싶다.

공감도, 점사도 아닌 그저 마음 읽기
:

나는 마음 읽기라는 것을 인간의 발달 단계와 연관시키거나 정신의학적 범주로 이야기하고 싶지는 않다. 사람들을 많이 만나다 보면 사람들의 언어 표현 방법, 단어의 선택, 어감과 어투 그리고 사소한 행동에 따라 현재 상대방의 기분이나 상황이 무의식적으로 읽힐 때가 있다. 나의 마음 읽기는 이런 차원에서 이루어진다. 즉 의도하지 않은 채 그저 내 마음에 와닿는 상대의 마음으로 말이다. 상대의 상황과 기분, 환경은 그의 주변을 둘러싼 공기처럼 그에게 영향을 끼치기 때문이다.

나는 이렇게 사람의 마음을 알아주는 마음 읽기를 '그 사람의 마음을 읽는다'고 표현하기도 하고, '마음을 알아준다', '마음을 느낀다'라고 표현하기도 한다. 다양한 정의 중에서 내가 생각하는 마음 읽기는 다음과 같다. 상대의 마음이나 생각, 느낌의 의도를 짐작하여 상대가 하는 말의 뜻을 이해하고 상대가 하는 행동의 의미를 이해하는 것 그리고 앞으로 가까운 미래에 상대가 어떤 행동을 하게 되는지를 짐작하는 행위.

여기까지 이야기하면 어떤 사람들은 "무슨 미래를 점치는 사람이에요?"라고 묻기도 한다. 하지만 마음을 읽는다는 것은 어떠한 독심술이나 끼워 맞추기식의 넘겨짚기는 아니다. 이때 중요한 것은 상대방에 대한 긍정적인 이해와 따뜻한 관심이다. 상대의 마음을 놓치지 않아야만 그 상대의 마음 상태와 상황을 짐작할 수 있다는 것이다.

우리는 항상 마음을 읽으며 살아왔다
:

마음을 읽는다는 것이 타고나는 것인지 궁금해하는 경우가 많다. 타고난 어떤 감정적인 능력이나 예민함일 수도 있으나, 가만히 생각해보면 우리 모두 이런 마음 읽기를 태어나면서부터 해왔다. 누가 깜짝 나타나면 놀라는 것처럼, 어쩌면 당연한 과정이다.

태어난 지 얼마 안 되었을 때도 불편한 게 있으면 무조건 울음으로 표현하다가 양육자의 말이나 표정을 보고 '반응'이라는 것을 한다. 시간이 더 흐르면 상대방의 마음을 읽게 되는데, 예를 들면 엄마가 자신 때문에 지금 화가 난 건지, 속상한 건지 아니면 기쁜지 등 말과 행동을 보면서 짐작하게 되는데 그게 한 다섯 살 때쯤 시작되는 것 같다. 좀 더 자란 상황에서 생각해보면 짐을 들고 가는 친구의 힘든 모습을 보면 '들고 가는 짐이 무겁구나'라는 걸 알게 되고, 혹시 도움이 필요할지 모른다고 생각하게 된다. 그때 도와줄지 말지는 선택이지만 이렇듯 상대방의 상황을 보면서 '이러하겠다'라고 생각하는 것 자체가 마음 읽기다.

그렇게 생각하면 상대방의 마음을 읽는 것은 누구나 갖춘 능력 같은 게 아닐까? 그리고 모든 사람이 똑같이 성숙하게 발달해야 하는 것이 아닌가? 하지만 결론적으로는 아니다. 어떤 사람은 상대방의 마음을 잘 읽으려고 노력하는 반면 어떤 사람은 그 마음을 외면하거나 자신만 방어하는 경우도 있기 때문이다. 그래서 가끔 A라는 마음을 B라는 마음으로 오해해서 읽기도 한다.

경험에 의한 마음 읽기의 오류

마음 읽기를 할 때 한 가지 주의할 점이 있다. 바로 오류를 범하지 않는 것이다. 상대의 마음을 읽으려 할 때 오류를 범하는 원인은 딱 한 가지다. 바로 다른 사람의 마음에 집중하지 않고, 자기 자신의 경험에 따라 판단하는 것이다.

사람들이 하는 말의 의도와 행동의 표현을 파악해 마음을 이해하고 짐작하는 '마음 읽기'는 나에게 생활이었다. 형제가 많고 그 형제 중에 막내였던 나는 특히 힘이 없고 약했다. 그 안에서 일종의 생존을 위한, 욕구를 채우기 위한 말과 행동, 그것을 해결해주는 부모와 형제를 보며 상대방에게 '이렇게 표현하면 되는 거구나', '이런 표현과 행동은 이런 뜻을 의미하는구나'라는 경험치가 생겨났다.

나에게 가족은 항상 북적이고 다양한 표현을 익힐 수 있는 작은 사회이기도 했다. 그러한 작은 사회에서 지내다 학교에 입학하고, 어른이 되어 직장에 취직하고 많은 사람을 만나며 마음 읽기 능력이 조금 더 생겼는지도 모른다. 그러나 여기서 중요한 것은 상대의 마음을 읽는 것을 경험에 의해 쌓인 기술로 생각하면 오류에 빠질 수 있다는 것이다. 힘든 표정을 지으며 "이렇게 사는 거 정말 괴로워"라고 말하는 것은 정말 사는 게 괴롭다는 의미도 있지만 '좀 더 나아진 삶을 살고 싶어'라는 뜻을 강조하는 것이기도 하다.

그 숨겨진 뜻을 알아채거나 이해하지 못하고 자신의 경험에 의해 읽게 되면 상대방의 표정과 행동의 일부분을 보고 예를 들면 '과격한 사람', '차가운 사람' 등으로 단정 짓게 오류를 범하게 된다. 그리고 그러한 경험이 쌓이게 되면 비슷한 상황이 발생했을 때 또다시 상대방의 마음을 그렇게 읽게 된다.

솔직함을 마주할 때 비로소 보이는 마음

이러한 오류를 범하지 않으려면 상대의 마음을 읽기 전에 내 마음부터 읽어야 한다. 다른 사람들을 보며 자신이 내린 여러 가지 마음 읽기가 있다면 왜 내가 이렇게 읽었는지, 그때의 나는 어떤 마음이었는지 한 번쯤 생각해보았으면 한다.

예를 들어 상대방의 과격한 행동 하나가 내가 이전에 겪었던 두려움을 마주하게 한 건 아닌지, 상대방의 직설적인 말 한마디가 나에게 상처를 준 경험이 있었던 건 아닌지 그래서 상대방을 과격한 사람, 차가운 사람으로 단정 지은 것은 아닌지 말이다. 자기 자신을 먼저 살펴보는 솔직함이 있었으면 한다. 내 생각과 행동들에 대해 생각해보고 하루를 마무리하는 시간 즈음에 자신에게 솔직하게 물어보는 것은 어떨까? '나는 왜 이런 생각을 했고, 말을 했으며 왜 이렇게 행동했는가?'

이러한 솔직함을 마주할 때 내 마음을 읽을 수 있으며 나아가 상대방의 마음도 읽을 수 있다. 이 과정을 통해서 내 경험에 의해서만 상대방의 마음을 읽는 오류를 범하지 않을 수 있으며 좀 더 긍정적인 결과를 얻을 수 있을 것이다. '이때는 이럴 수밖에 없었어. 난 절대 그렇지 않아'라는 식의 회피는 하지 않아야 한다. 솔직하게 직면하고 바로 바라볼 수 있는 눈이 필요하다. 날 것 그대로 보고 느낄 수 있어야 한다.

나답게 마음을
읽는 법

우리는 자주 마음을 놓치고 산다

:

어떤 이는 자신의 마음을 채워주는 사람을 만나려고 여러 사람을 찾아 헤매고, 어떤 이는 더 중요한 일을 맡으려고 건강을 해치면서도 노력하며, 어떤 이는 가족의 행복을 위해 자신은 희생만 했다는 생각에 가끔은 자신의 삶을 찾겠다며 일탈을 꿈꾸기도 한다. 다음에 나오는 세 가지 사례는 모두 마음을 잡지 못해 힘들어하는 경우다.

만남 뒤 오는 허전함

누군가를 만나고 집으로 돌아오면 마음이 참 허전하다. 웃으면서 한참 이야기를 나누었는데도 말이다. 쏟아내어 비워져서 그런 건지 아니면 원래 채워지지 않는 내 마음의 그릇 때문인 건지, 그 사람이 내 마음을 허전하게 한 것도 아닌데 그저 허전하다.

성취감 후에 오는 공허함

어떤 일을 맡아서 잘 해내었다. 그 좋은 결과 뒤에 즐거움이 따라야 하는데 이상하게 마음이 공허하다. 열심히 했으면 그만인데, 거기다 좋은 결과면 더없이 기쁜 일인데, 도대체 왜 뭔가 알맹이가 빠져나가고 껍데기만 남은 것처럼 공허한지 모르겠다.

행복한 가족들을 보며 오는 외로움

가족들과 따뜻한 밥도 챙겨 먹고 잘 지내는데, 회사에서도 어느 정도 인정받는 직책에 올랐는데 더 이상 올라갈 수 없어서인지 아니면 이제 떨어질 날만 남아서인지 이런 걱정을 하는 현재의 내 모습이 참 불쌍하다는 생각이 든다. 행복한 가족 관계인데, 그 행복을 위해 나만 희생했다는 생각 때문인지 행복한 가족을 보고도 때로는 외롭다.

여기서 중요한 것은 문제라고 생각되는 원인을 해소하기 위해 하는 행동들이 오히려 그 원인을 강화하는 결과를 낳는다는 사실이다. 마음을 채워주는 사람을 만나고 싶어서 많은 사람을 만나며 채우려고 해도, 죄송하게도 그 마음은 채워지지 않는다. 처음에는 채워지는 것 같지만 이내 작은 사건들에 의해서 '너도 그럼 그렇지, 내 마음을 모르지'가 되어버린다. 내가 불완전하듯 상대방도 그렇기에 어떤 상황이 닥치면 본연의 그 불완전한 모습을 드러내기 때문이다.

만약 내가 어떤 중요한 일을 하고 싶고 그 중요한 일을 더 많이 하고 싶다는 생각이 들어 다른 생활을 포기하면서까지 이루었다고 해보자. 이룬 다음엔 어떻게 될까? 안타깝게도 중요한 일은 계속 생겨난다. 그리고 중요한 일이라고 생각하는 그 일이 계속 나에게만 주어지지도 않을뿐더러, 그 일이 모두 성공하지도 않는다.

그리고 '내가 이렇게 희생하면서 살았는데 나에게 남은 것은 뭐지?', '내가 이렇게 돈을 벌어서 가정에 주었는데 지금 나에게 남은 것은 뭐지?'라는 생각에 행복한 가족을 때론 원망하게 된다. 슬프게도 그런 생각은 행복한 가족을 보며 느꼈던 당신의 행복과 즐거움도 사라지게 만든다.

내 마음이 지금 그렇다면 자신을 솔직하게 마주하고 내 생각과 감정이 어디서, 어떻게 생겨났고, 왜 내가 그런 행동을 했는지를 고민해보았으면 한다. '나는 어쩌려고 그런 말을 했지? 나는 도대체 왜 그런 행동을 한 걸까?'라는 일들이 계속 일어나서 나 스스로를 괴롭히지 않도록 말이다.

나만이 아닌 나답게
:

나 스스로를 괴롭히고 상대방까지 힘들게 한다면 좀 더 '나답게'를 생각해보았으면 한다. 어떤 사람들은 자기 계발서에 항상 나오는 말이 '나답게 살자'라는 말이라고 한다. 나 역시 동감한다. 한데 그렇게 많이 나오는 이유가 무엇일까? 그건 나답게 살려는 마음을 먹었어도 그렇지 못한 경우가 많기 때문이다.

사람과 사람 관계에서 나답게 행동하라고 하면, '자신만의 신념으로 상대방을 무시하는 투의 말과 행동을 하라는 말인가'라고 생각할 수 있는데, 그렇지 않다. '나답게'는 내가 나로서 온전하게 생각하고 행동하지만 그것이 상대방을 불편하게 하거나 나아가 피해를 주는 일 또는 무시라는 행동으로 이어져서는 안 되는 태도다. 그건 나답게가 아닌 나만을 생각하는 경우다.

스스로 부끄럽지 않게 생각하는 것, 조금은 일관된 말과 행동, 작은 신념 같은 것을 마음에 품고 사는 것. 이런 정도가 '나답게'의 정의라고 할 수 있겠다. 이런 나답게는 사람과 사람 사이의 관계에서 나 자신에게 자신감을 심어준다. 그리고 그런 나를 소중하게 만들어준다.

내가 원하는 미래를 이루기 위해
:

내가 하는 셀프리더십 강의 내용 중에 '인생 그래프 그리기'가 있다. 자신의 인생을 돌아보면서 미래를 예측해보자는 의미가 담긴 활동이다. 아래 그래프는 마흔다섯 살 직장인

| 인생 그래프 |

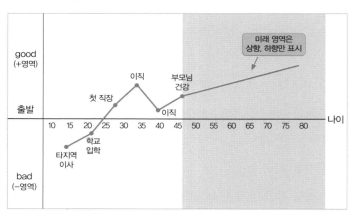

이 작성한 그래프로 자신의 지난 삶을 돌아보고 좋았던 사건들은 플러스 영역에, 안 좋았던 사건은 마이너스 영역에 점을 이용해 표기하고 어떤 특별한 사건이 있었는지 작성한 것이다. 이후 미래에 맞이할 삶도 예상해서 어떻게 될지 그려 넣었다. 이 인생 그래프는 스스로를 돌아보기도 하고 미래를 생각해보는 소중한 시간이 되기도 한다.

몇 년 동안 강의를 하면서 사람들이 그린 그래프를 보았다. 그 그래프들에서 미래를 나타내는 선을 하향곡선으로 그린 사람은 거의 없었다. 과거의 일들이 마이너스 영역에 있더라도 대부분 자신의 미래가 상향될 것이라고 예측한다. 누구나 행복한 생활의 마지막을 꿈꾸기 때문이다. 그렇다면 그런 마무리를 위해 우리는 어떻게 해야 할까?

심플하게 플러스 영역만 있는 그래프 한 장으로 표현해볼 것을 권한다. 내가 나답게 사는 특별함을 나 스스로 부여하고, 행복한 삶의 마무리를 위해서는 어떻게 살아야 할지, 친구 관계는 어떻게 할지, 가족 관계는 어떻게 할지 또 직장생활이나 사회생활에서는 어떻게 해야 할지를 생각하고 그 방법을 간단하게 플러스 영역에 적어보는 것이다.

예를 들면 가로축에는 출발점과 종착점을 표기하고, 세로축에는 중요도에 따라 내가 거쳐야 할 과업과 만날 사람들, 내가 성취해야 할 것을 구체적으로 표기하는 것이다. 이것이

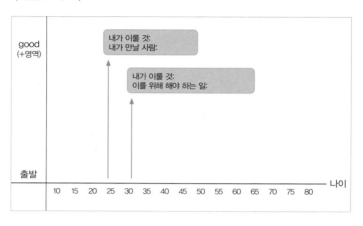

조금 더 확장되면 그 안에서 내가 해야 할 어떤 일들에 대한 리스트도 나올 것이고 그것을 이루기 위해 만날 사람들과 어떤 관계를 유지해야 하는지, 좀 더 상세하게는 내가 어떤 행동을 하고 어떤 말을 해야 할지도 표현할 수 있다.

인생에는 좋았던 일도 있고 안 좋았던 일도 있기 마련이다. 그렇다면 좋았던 일은 더 좋게 기억하고 안 좋았던 일은 '내 인생에 그런 일도 있었지'라는 정도로 생각하고 넘어가면 어떨까?

전체만 보면 사소한 부분을 지나칠 수 있다

:

드라마의 끝을 알고 있으면 그 과정이 재미없긴 하다. 인생도 마찬가지다. 하지만 누구나 정해진 드라마의 끝처럼 내 인생의 끝도 행복하게 마무리되길 바라며 그렇게 정해져 있기를 원한다. 이렇게 생각해보자. '내가 내 신념대로 나답게 살면 그 삶은 행복할 거야'라고 결론지어보자. 그러면 그 결론을 위해 사소한 어려움은 조금 가볍게 지나칠 수 있다. 큰 어려움이라도 그 크기가 적어질 확률이 높다. '어차피 태어났고 어차피 나는 행복하게 삶을 마무리할 것이다'라고 생각하면 대립되는 어떤 관계도, 바위처럼 무거운 마음도 그보다는 조금 더 가벼워질 수 있다. 전체를 보려는 눈을 가졌으면 한다. 물론 그러한 눈을 가지기 위해 꼭 필요한 것이 '마음 읽기'다. 그리고 내 마음을 읽는 것은 나 자신이 주체가 되어야 한다. 나답게 말이다.

마음 읽기는
결국 서로에게 필요한 일이다

관계 속에서 마음 읽기를 실천하자

:

사는 게 참 갑갑할 때가 있다. 여기는 어디고 나는 무엇을 하고 있는지 등 혹 지나간 시간만이 느껴질 때 참 갑갑하다. 그런 갑갑증은 때론 여러 가지 부작용을 일으킨다. 예를 들면 이런 생각을 하게 만든 사람에 대한 책망이나 내 인생에 부정적인 영향을 준 사람에 대한 원망 또는 이런 나 자신에 관한 실망감 등 여러 종류의 감정들을 느끼게 된다.

그리고 그런 감정이 생긴 내 마음을 그냥 두면 결국 병이 된다. 그러니 병이 되기 전에 좀 더 건강하고 행복한 과정을 만들어갔으면 한다. 나와의 관계, 나와 타인과의 관계 속 '마음 읽기'를 통해서 말이다.

마음 읽기를 외면하는 사람

사람들을 만나다 보면 마음을 외면하는 사람들이 있다. 상대방의 마음뿐만 아니라 자신의 마음마저 외면하는 것이다. 자신의 마음은 읽을 법한데 그렇지 못한 사람들, 왜 그럴까?

예를 들어 사람과 사람 사이의 관계를 생각해볼 때 관찰과 인지 과정을 통해서 상대방의 마음을 읽는 데 성공했다고 하자. 그러한 마음 읽기를 통해 이후 상황이 긍정적이었다면 계속 그 관찰과 인지 과정을 발전시켰을 것이고, 그게 별 도움이 안 되었다면 외면했을 것이다. 외면의 횟수가 늘어날수록 자신만의 생존이 중요해지고 외면이 더 효과적이라고 느꼈을지도 모른다. 간혹 그렇게 외면하는 사람들을 만난다.

"아니. 이 일을 잘 안다면서, 왜 이렇게 해요?"

그런 사람들은 위 질문을 누군가에게 받게 되면 어떻게 대답할까? 방어하기 위한 변명 또는 역으로 이렇게 말한 사람에게 공격하는 말을 해버리고 만다. 그럼 그 관계는 어떻게 될까? 어찌 되었든 좋은 관계가 되기는 어렵다. 마음 읽기를 외면하며 살아온 사람들은 다른 사람들과 좋은 관계, 신뢰하는 관계를 만들기 어렵다. 나아가 자기 자신과도 좋은 관계를 만들기 어려운 것은 당연한 일이다. 마음 읽기를 외면하는 사람은 상대방조차 자신을 외면하게 만들어버린다.

마음 읽기를 노력하는 사람

:

사람과 사람 간의 관계에서 일어나는 상호작용은 중요한 일이다. 내 마음이 어떤지 살피고 상대방의 마음도 살피는 노력을 하는 사람들은 상대방과 내가 상호작용하고 있다는 것을 알고 있다. 그것이 중요하다는 것도 말이다. 마음을 관찰하며 그 마음에 대응하는 방법을 연구하는 것도 잊지 않는다. 그러한 관심은 점점 발전해서 좋은 방향으로 상호작용을 이루고 자신에게도 좋은 느낌으로 돌아온다.

혼자서 되는 일이 없어 힘들 때, 잘못된 행동만 반복하는 나 자신이 이해가 안 될 때, 질책하는 상대방에게 화가 날 때 등 그럴 때마다 있는 그대로 그 상황에 날을 세워 대처하는 게 아니라 한 걸음 물러서서 생각해보는 것. 그런 시간을 가지는 것이 마음 읽기를 노력하는 사람들이다. 그런 노력이 서로 간에 긍정적인 상호작용을 이루는 것을 알기 때문이다.

서로의 마음을 읽어주는 사람이 필요하다

:

이 책의 이야기들은 어쩌면 나 자신의 이야기이기도 하고, 누군가에게 있었던 일이기도 하다. 또 지금 일어나고 있는 일이기도 할 것이다. 세상 안에서 일어나는 다양하고 때로는 사소한 일들 속에서 자신과 타인의 마음을 잘 읽고 원하는 방향으로 나아갔으면 한다. 내 마음의 감정을 잘 이해하고, 상대방의 마음을 헤아릴 수 있는 사람이 되길 바란다. 그러면 좀 더 내가 원하는 게 무엇인지, 상대가 바라는 것은 무엇인지, 어떻게 하면 관계를 잘 유지하고 이어나갈 수 있는지 등 서로를 발전시키는 관계를 맺게 될 것이다.

2장

내 마음도 모르고
저지르는 오류

저 혼자 세상
쿨한 사람들

상대도 내 말을 정말 뒤끝 없이 듣고 있을까?

한여름날 쏟아지는 소나기처럼 또는 시원하게 고속도로를 내달리는 자동차처럼 단 한 번의 망설임이나 머뭇거림 없이 말을 하는 사람들이 있다. 그런 사람들은 상대방의 의견을 구하거나 자신의 생각을 이야기해야 하는 자리에서 너무나도 시원하게 직설적으로 의견을 꺼낸다.

MBC 예능 프로그램 〈무한도전〉에서 연예인 박명수 씨가 만든 버럭 캐릭터도 그런 부류의 사람들이 행동하고 말하는 것을 최대한 과장해서 만든 캐릭터다. 그리고 이러한 직설적인 표현들은 상대방의 입장에서 생각해보고 배려하는 말이 아닌 자신의 입장만을 대변하는 말이 되기도 한다. 여기까지 말하면 부정적으로 들릴 수도 있으나 때로는 사람들의 가슴을 뻥 뚫리게 하는 긍정적인 효과를 주기도 한다. 직접 말하지 못하고 속으로 생각만 하던 말을 옆에서 시원하게 내질러 줬기 때문이다.

하지만 막상 그 말들을 듣는 상대가 내가 되면 상황은 달라진다. 직설적이기만 한 말에 똑같이 받아치며 쏟아내고 싶어진다. 그러나 그렇게 말하는 성향이 아닌 사람들은 마음속으로 끙끙 앓거나 더 이상 상처받기 싫어서 마음을 닫아버리게 된다. 뇌에서 생각한 말들이 한 번쯤은 가슴을 지나서 입으로 나올 법도 한데, 그게 생각보다 쉽지 않다. 뇌에서 반응하는 말들이 바로 입으로 나오는 경우에는 자칫 상대방에게 큰 상처를 줄 수도 있고, 그렇게 되면 주위 사람들이 점점 떠나가거나 외로워질 수도 있기 때문이다.

나는 무언가에 관한 내 의견을 전달해야 할 때 '난 내 감정에 솔직하고 뒤끝도 없어'가 아닌 '과연 상대방도 내 솔직한 감정 표현을 이해하고 뒤끝 없이 듣고 있을까?'라고 생각해보길 권한다.

솔직함과 뻔뻔함의 차이는 크다

뒤끝 없이 말하는 사람들의 말 중에 가장 많이 나오는 단어가 '솔직히'라는 단어다. 이들은 예의를 지키고 조금은 돌려 말해야 하는 그런 상황에서도 솔직함을 무기로 삼는다. 그런 상황을 세심하게 살펴보면 다음과 같은 두 가지 상황이 있다.

첫 번째는 자신의 감정을 제어하지 못하고 감정이 행동으로 바로 나오는 경우다. 상대방에 대한 불편한 마음과 감정을 있는 그대로 뱉어버리는 것이다. 이들은 생각나는 모진 말들을 시원하게 뱉고 나서 좀 심하다 싶으면 "내가 원래 돌려 말하는 거 못하잖아. 내가 이렇게 말해도 뒤끝은 없어"라고 말한다.

두 번째로는 상대방을 위한다는 마음으로 자신이 생각하는 의리 있는 말을 하는 경우다. 이들은 "야! 일처리를 이렇게 하면 어떻게 해. 똑바로 안 할래? 내가 너 진심으로 생각해서 이러는 거야"라고 말한다.

이 경우에는 상대방을 진정으로 위하고 또 잘되길 바라는 마음도 가지고 있지만 돌려 말하며 예의를 차리는 것보다 솔직하게 감정을 표현하고 리드할 수 있는 말을 직접적으로 표현하는 것이 더 중요하다고 생각하는 것이다. 하지만 이 두

가지 상황은 누군가를 위한 솔직함도 누군가를 위한 리드도 아닌, 그저 솔직함이 뒤끝 없는 행동이라는 오류에 빠진 사례일 뿐이다.

다 자기 잘되라고 말하는 건데 뭐가 기분 나쁜 거죠?
:

공공기관에서 리더십 강의를 하던 때였다. 팀장들을 대상으로 한 리더십 과정이었는데, 교육 중 서로 의견을 나누는 시간에 A 팀장이 나에게 찾아왔다. A 팀장은 신임 팀장이었고, 신임 팀장으로서 가진 부담감이 컸는데 마침 자신의 윗사람도 신임인 상황이었다. 신임 상사를 모시는 A 팀장은 매일 아침 회의실에 불려가서 실적에 관한 회의를 했다고 한다. 그 회의 내용은 상사에게 듣는 잔소리 같은 것이었는데, 회의를 마치고 나면 압박감에 가슴이 먹먹할 정도로 스트레스가 쌓이는 데다 자리에 앉아서 팀원들을 보면 더 갑갑해진다고 이야기를 꺼냈다. 그러던 어느 날 추진하던 사업에 문제가 생겼고 그로 인해 팀원들과 사이가 멀어져 그 일을 해결하고 싶은 마음에 나에게 해결 방법을 물어본 것이었다.

"강사님, 저희 팀이 사업을 추진하다가 작은 문제가 생겼는데, 그 문제를 보고하지 않은 차장에게 순간적으로 화가 났습니다. 그래서 그 문제에 관해서 이야기하는 도중에 제가 소리를 질렀어요. 아끼는 후배인데 그래서 그런지 이 새끼, 저 새끼 하면서 말했어요. 내 새끼니까 내가 아껴서 하는 말이었죠. 그런데 정작 후배는 잘못한 그 일보다 내가 '이 새끼'라고 한 것에 기분이 나쁘다고 하는 겁니다."

그러고는 이렇게 말했다.

"일을 잘못했으면 세게 말할 수도 있고, 솔직히 다 자기 잘되라고 말하는 건데 뭐가 그렇게 기분이 나쁜 건지 저는 이해가 안 됩니다. 우리 사이가 그런 말도 못 하는 먼 사이였던 건지, 지금까지 저는 그 후배를 믿고 여러 일을 추진했는데……. 한편으로는 그렇게 화내버린 저 자신에게도 화가 납니다."

다른 사람의 마음을 헤아리는 기법

이 이야기를 들으며 사람에 대한 마음의 깊이는 참 따뜻한 분인데 표현을 하는 데 있어서 방법을 모른다는 생각이 들었다. 어떻게 코칭하면 좋을까 생각하다가 다음과 같은 순서로 해결해나가기 시작했다.

첫 번째는 '공감', "아끼는 내 후배, 동생 같은 내 후배가 나를 두고 기분 나쁘다고 말하니, 많이 섭섭하셨을 거 같아요.”

두 번째는 '상대방에 대한 단계적 이해 안내', "후배도 팀장님의 그 마음을 아는데, 일이 잘 안 되는 상황에서 불편한 단어들을 들으니, 상대에 대해서 미운 감정이 생길 수도 있고요.”

세 번째는 상황에 대해 인정해주는 'Yes And 기법'. "팀장님은 의사결정을 하거나 말을 할 때 결론부터 이야기한 후 문제 해결을 위해 일을 추진하시는 분 같아요. 그리고 그에 대해 책임감도 크고요. 그래서 후배에게 그렇게 말씀하지 않았을까 하는 생각이 들어요.”

네 번째는 변화에 대한 의지 보여주기. "조직을 이끌어가시려면 여러 상황과 사람에 노출되는데, 그런 상황마다 내 입장에서만 말하게 되면 업무상 어려움이 생길 수도 있습니다. 이제 대화 방법에 대해서 고민해볼 시간인 것 같아요.”

그러고는 솔루션을 제시했다. 조직에서 내가 솔직하게 말한다고 해서 상대방도 솔직한 그 마음을 그대로 받아들이는 일은 흔하지 않은 일이다. 솔직하게 모든 것을 다 말하고 있는 그대로 표현하고 나면, 내 속은 편하지만 상대방은 아닐 수 있기 때문이다. 그리고 솔직하다고 표현하는 그 말들은 다소 감정적이다. 이런 상황을 기억하지 못하고 매번 같은 패턴으로만 말하면 상대방은 더 마음을 닫게 되고 점점 멀어진다.

"내 새끼라고 생각하는 사람에게는 긍정적이고 기분 좋은 상황에서만 그런 표현을 사용해주세요. 부정적인 상황에서 '이 새끼'라는 단어는 긍정적으로 들리지 않습니다. 정확하게 말씀드리면 사랑하는 내 새끼는 말이 되지만 일처리도 잘 못하는 이 새끼는 욕처럼 느껴지는 것이죠. 비난하는 것처럼 들렸을 겁니다. 팀장님의 마음을 알아주지 못하는 것이죠."

그리고 결론을 이야기하기 전에 상대방의 입장에서 과정을 이야기할 수 있도록 물어보라고 권유했다. 만약 일이 잘못되었을 때 "일이 이렇게 되도록 지금까지 뭐 한 거야?"라고 물어보면 상대방은 변명하기에 급급할 것이다. "일이 이렇게 된 이유가 있을까? 중간에 어떤 문제가 있었어?"라고 과정에 관해 물어본다면 상대방은 문제가 생긴 이유와 그것을 해결하기 위해 도움이 필요한 부분에 관해서도 이야기하게 될 것이다. 이 방식은 리더로서 질문하고 피드백하는 기법의 과정이다.

솔직함은 '솔직히' 자기만을 위한 것

내가 솔직하게 말하는 것은 그저 내 감정에 솔직한 것뿐이다. 자기 감정을 적절하게 다스리는 사람은 자기 제어를 잘

한다. 즉 감정 통제를 잘한다고 할 수 있다. 모든 순간마다 통제할 필요는 없으나 사람과의 관계에서 적절하게 자신의 감정을 통제하는 것은 중요한 일이다. 균형이 잘 잡힌 마음을 가지고 상대방을 바라보고 그 감정을 올바로 사용하는 것이 필요하다.

'우리 한판 붙고 이긴 사람에게 승복하자' 또는 '솔직히 이건 사실이잖아'라는 식의 행동과 말은 상대방에 따라 다르게 사용해야 한다. '나는 이렇게 솔직하고 시원하게 말하는데, 너는 왜 그렇게 답답하게 꼬아서 듣니?'라고 말하기 전에 한 번쯤 생각해보자. 솔직함을 가장한 채 내 감정을 쏟아붓고 있는 건 아닌지 말이다.

말은 주워 담을 수 없고 날카로운 말에는 베일 수도 있다. 아끼는 사람 그리고 사랑하는 사람에게 베인 상처를 준 뒤, "내가 너무 솔직해서 그랬어"라고 말하기엔 이미 때가 늦을 수도 있다. 상대방의 입장에서 한번 질문해보고 피드백하는 과정을 거치면 어떨까? "이런 문제가 생겼는데, 어떻게 하면 좋을까?", "그럼 내가 어떤 부분을 도와줘야 하지?" 하고 말이다.

에너지 소모로
피곤해지는 대화 상대

말을 하기만 하는 사람
:

나는 강의를 다니며 많은 사람을 만난다. 강의를 자주 하게 되는 고객사는 업무적으로 만났지만, 직장 내에서 고민되는 일들도 이야기 나누게 되는 경우가 종종 있다. 직장생활을 하면서 어려운 고민 또는 선택의 순간이 필요할 때 나를 찾아와 이야기를 나누기도 한다.

그러던 어느 날, 친해진 고객사 담당자분과 이야기를 나누는 도중 그분의 고민을 듣게 되었다. 그분의 고민은 직장의 부서장이 자기 말만 한다는 것이었다. 면담하자고 불러놓고 상황에 관해 물어본 후 자기 말만 늘어놓고, 자신의 의견이나 결론에 관해 동의하라는 식의 대화가 너무 힘들다는 것이다. 일명 "답은 정해져 있고, 너는 대답만 하면 돼!"다.

'답정너'라는 단어가 생각났다. 조직문화 진단을 해보면 소통이 안 되는 조직의 경우, 대부분 이런 형태로 의사소통이 진행되고 있다. 특히 권력을 가진 상사가 팀원에게 업무 지시를 하거나 의견을 물어볼 때 흔히 일어나는 일이다. 그런 조직에서 일하다 보면 듣는 팀원들은 점점 자신의 의견을 말하지 않고 듣기만 하게 된다. 이때 자존감이 떨어지고 힘이 빠지는 경우가 많다.

조직뿐만이 아니다. 일상생활에서도 마찬가지다. 누군가를 만나면 기분이 좋고 대화가 즐겁지만, 그 반대인 경우도 있다. 일대일이든 일대 다수든 자기 이야기만 하는 경우가 그렇다. 보통 이야기의 시작은 안부 나눔이지만 다른 사람의 안부에는 관심이 없고 모든 이야기의 중심이 오로지 자기 자신에게 맞춰져 있는 사람이 있다. 그런 사람들과 이야기를 나누거나 대화 상대 중 한 명이라도 그런 사람이 있다면 에너지가 많이 소모된다. 그리고 그 이야기를 듣느라 정신만 고갈된 채 집으로 돌아오게 되고 결국 다음에는 만나기가 싫어진다. 그러곤 이런 의문이 머릿속에서 떠나지 않는다.

'대체 왜 자기 말만 하는 것일까?'

기(氣)를 빨아먹는 사람들

자기 말만 쏟아붓는 사람들과 이야기를 하고 나면 내 기를 다 빼앗긴 기분이 든다. 심지어 고개를 끄덕이며 경청하고 공감하고 싶지만 그럴 틈조차 주지 않는다. 이야기에 동참할 틈도 없이 말하는 통에 "말 좀 멈춰봐"라고 말하고 대화를 잠시 멈추고 싶을 때도 있다.

'제발, 지금 하고 있는 당신의 말을 멈춰줘.'

마치 말하기 대회 같다. 어떤 경우에는 상대방이 말하는 것을 이해하면서 듣는 게 아니라 말이 언제 끝나는지 지켜보다가 끝나자마자 자기 말을 하는 경우도 있다. "그래? 근데 있잖아, 나는 말이야~" 하면서 시작하는 말은 상대에 대한 공감이 전혀 없다. 때로는 자신의 이야기를 듣는 상대방이 자신의 이야기와 정보로 인해서 도움을 받을 것이라고 생각한다. 그 대화 속에 참여하고 집으로 오는 날에는 무척이나 고단하다. 상대방에게 기를 빨린 것처럼 몸이 흐느적거린다. 내 모든 기를 빼앗아가고 자신은 에너지를 채운 것 같은 모습에 힘이 더 빠진다. 좋은 관계를 계속 유지하고 싶은데, '좋은 관계로 유지가 될까?'라는 의문이 생긴다. 만약에 동료나 가족이 이렇다면 어떻게 해야 할지 고민이 클 것이다.

나만 모르는 나의 문제

:

상대방에 대해 전혀 공감하지 않고, 공감할 생각도 없이 자기 말만 하는 사람들은 일종의 성격장애라고 볼 수 있다. 독불장군처럼 행동해 주위 사람들이 회피하는 인간 유형 중 하나다. 이런 행동은 자기 자신에게도 손해고 타인에게도 불편한 감정을 준다. 결국 자기 자신이 외로워지는 것이다. 여기서 중요한 것은 자기 말만 하는 사람들은 자신이 그런 사람인지 정작 본인은 알지 못한다는 것이다. 모든 사람은 조금의 성격장애를 갖고 있다. 그 강도는 사람마다 다르지만 종류를 살펴보면 다음과 같다(각 성격장애는 대표되는 정의만 기술됨).

- 편집성 성격장애

일반적으로 다른 사람의 선한 동기를 의심이나 불신하면서 생기는 장애

- 연극성 성격장애

타인의 애정과 관심을 끌기 위하여 친밀한 척 행동하고, 변덕스러운 정서를 보이는 장애

- 회피성 성격장애

자기 생각이나 감정은 거의 드러내지 않고, 타인과의 거리

를 두며 사회적 관계에 대해 지속적으로 회피하는 장애

- 자기애성 성격장애

공감 능력이 부족하고 자신에 대해 존경의 과도한 요구를 하는 장애

이 중 자신의 말만 쏟아붓는 사람들은 자기애성 성격장애에 포함된다. 장애로 진단은 안 받아봤을지라도, 주위를 살펴보면 상대방에 대한 반응 없이 자기 이야기만 하는 사람들이 있다. 예를 들면 '이런 정보는 어디에도 없는 거야. 내가 특별히 말해줄게', '세상에! 이런 일이 나에게 일어나다니, 이건 네가 꼭 알아야 해', '너는 말이 없으니, 내가 말할 수밖에 없어' 하는 소리를 굉장히 자주 하는 사람들이다.

이들에겐 모든 경험이 자신의 이야기다. 또한 모든 이야기의 주인공이 자신이 되어야 하지만 본인이 그렇다는 걸 알지 못할 확률이 높다. 더 안타까운 것은 주위의 많은 사람이 자신을 떠나간다는 것도 모른다는 것이다.

왜 저럴까? vs 왜 이렇게 됐을까?

'내가 자기를 위해서 이렇게까지 이야기하고 도와주는데

왜 저렇게 피곤해하는 것일까?'라는 생각이 든다면 상대방을 탓하기 전에 본인을 되돌아볼 필요가 있다. '왜 나는 상대방의 말은 안 듣고 이렇게 내 말만 할까?', '왜 상대방과 이렇게 거리감이 생기게 된 걸까?' 등 자신이 상대의 말을 안 듣고 자기 말만 할 수도 있다는 생각을 의도적으로 해야 한다.

사람은 각자 자신만의 프레임을 통해서 세상을 본다. 어떤 이야기 소재든 자신의 경험과 이어진다면 자신과 관련지어 이야기를 풀어가는 것을 즐기고 좋아한다. 하지만 상대방의 기를 빨아먹는 사람들은 일반적인 기준을 넘어선다. 이 같은 경우는 과장된 이야기 또는 인정받고 싶은 욕구가 넘치는 경우다. 이렇게 행동하는 사람들은 자신의 중요성에 대해서 과대하게 느낀다.

"난 모든 것을 성취한 사람이야."

"나는 지금 내 앞에 있는 이 사람에게 도움 되는 사람이야."

상대방의 감정이나 느낌, 요구 등을 인식하려 하지 않거나 확인하려 하지 않는 등 감정이입이 결여된 경우도 일종의 성격장애라고 볼 수 있다. 이런 사람과 대화를 하다 보면 내 모든 기가 다 빠져나가는 것 같다. 야금야금 내 기를 가져가 에너지 충전을 하는 것처럼 느껴진다.

기본적인 공감과 소통 능력

:

기업에 신입사원이 입사하면 보통 몇 주에서 몇 달간 신입사원 교육을 진행한다. 그중에 절대 빠지지 않는 과정이 바로 커뮤니케이션 교육이다. 말하고 듣고 하는 게 의사소통이고 사람들 대부분이 다 아는 이야기인데 '그걸 왜 직장에서 배우지?'라고 생각할 수도 있다. 하지만 의사소통 방법 등 소통하고 공감할 수 있는 교육을 진행해달라는 요청은 매년 빠지지 않는다. 말하고 듣고 그 중간에 장애 요소를 파악하고, 피드백을 통해서 전달하고자 하는 메시지를 상대방이 오해 없게 듣도록 전달하는 것, 그것이 커뮤니케이션이다.

메시지를 잘 전달하기 위한 대화는 기본적으로 공감과 소통 능력이 필요하다. 불특정 다수를 앞에 두고 이야기하는 연설이 아닌 이상 대화란 것은 서로 나누는 것이다. 자신이 말하고자 할 때 상대방이 들을 준비가 되어 있는지, 내가 말하는 내용의 양과 방식이 상대방이 듣기에 적절한지를 살펴야 한다. 다음 체크리스트를 보고 자신에게 해당 사항이 있는지 살펴보자.

- 오로지 자기 자신에 관한 이야기가 대화의 주제다.
- 최고라는 것에 환상이 있다.

- 특권 의식을 느낀다.
- 관심의 중심에 있는 것을 즐긴다.
- 상대방에 대한 공감 능력이 부족하다.
- 경쟁심이 지나치다.
- 자신이 모든 것을 통제해야 한다.

만약 이 중에 세 가지 이상 해당한다면 자신의 커뮤니케이션 방식을 고민해봐야 한다. 문제가 있다면 다음과 같이 생각하고 행동해볼 것을 권한다.

첫 번째, 이야기를 듣는 사람의 상태를 살핀다. 상대방이 대화를 나눌 준비가 되어 있는지 몇 마디를 나눠보면서 탐색하는 것이다. 두 번째, 이야기의 양을 조절한다. 대화를 100%라고 했을 때 대화를 요청한 사람은 70% 정도, 그 요청을 받은 사람은 30%의 비율을 맞추는 것이다. 세 번째, 듣고 있는 내용을 공감하고, 평가와 비판을 하지 않는다. 대화는 평가받기 위해 하는 것이 아니다. 상대방에 대한 신뢰를 바탕으로 소통하는 하나의 방법이다. 위의 내용을 바탕으로 자신을 먼저 점검하고 상대방과 원활하게 대화하기 위해 노력한다면 대화하다가 외로울 일도 없을뿐더러, 대화의 즐거움도 느낄 것이다. 그리고 즐거운 대화를 통해 상대방과 나에게 에너지가 함께 충전되는 경험을 하게 될 것이다.

예민함의
끝판왕들

한밤중 핸드폰은 울리고

'카톡!' 늦은 시간, 핸드폰이 또 울린다. 하루 일정을 마무리하고 조금 쉬고 싶은데 몇 번씩 연속적으로 울리는 메시지 알람 소리. 핸드폰을 열어보니 장문의 글이 몇 개씩 줄줄이 와 있다. 팀장에게 섭섭했던 일, 자신을 무시하는 것처럼 느껴진다는 말들, 같은 팀 후배들이 서로 작당(?)하고 자신을 선배 취급 안 한다는 이야기들을 쭉 읽어 내려갔다.

평소 친하게 지내던 후배의 연락이었다. 그 긴 메시지를 읽다 보니 그의 하루를 내 눈으로 다 보는 것 같았다. 마음에 담았던 말들을 정작 그 대상자들에게는 하지 못하고 나에게

호소하는 모습을 보면서 나 또한 마음이 아팠다.

"선배. 제가 또 이렇게 제 이야기만 했네요. 그래도 말하고 나니 속이 시원합니다."

비슷한 내용의 카톡들이 며칠 동안 이어졌다. 출근 후에도 실시간 공유되는 카톡을 통해 그의 상황과 감정을 알 수 있었다. 출근할 시간이 되면 기다렸다는 듯이 그의 감정은 나에게 고스란히 전달되었다. 한참 조직 내에서 갈등을 겪고 있던 그를 보는 내 마음도 안타까움에 점점 멍이 들었다.

그가 겪고 있는 상황과 마음을 보살펴주고 도와주고 싶었던 나는 그 말과 행동을 그대로 다 받아들이고 있었다. 그러다 보니 몸에 무리가 와서 위에 탈이 나는 일이 생기고 말았다. 아이러니한 것은 마음의 병이 심해진 그에게 위염이 와서 너무 힘들다는 말을 듣던 나도 위경련이 일어났다는 것이다. 부정적인 이야기들은 전달받는 것만으로도 듣는 사람의 마음에 똑같이 멍을 들게 하는 것 같다.

예민함을 쌓아두면 결국 잃게 된다

:

그렇게 그가 몇 번의 일을 겪는 동안 지켜보는 나도 조마조마했다. 이미 마음이 틀어져 버린 그는 팀장이 어떻게 행동을 하든 그 행동과 말들이 다 거슬리는 듯 기분 나빠 했다. 예를 들면 프로젝트를 진행하는데 후배들에게 더 중요한 일을 맡기는 것 같아서, 그 일을 수행하는 후배들이 자신한테 물어보지 않고 작업을 진행하는 일 등, 생각하면 기분이 상할 수 있지만 조직 내에서 일어날 수 있는 일들이었다. 주위에서는 그를 예민한 사람이라고 말했다. '그런 일들'은 일어날 수 있는 일인데, 너무 감정적으로 느끼고 사사건건 걸고넘어진다는 것이었다.

'그런 일들'로 인해 인간적으로 느껴지는 부정적 감정이 한번 쌓이면 관련 없는 일상적인 일들에도 부정적인 안경이 씌워진다. 나는 그 모습을 지켜보다가 그에게 이렇게 말했다.

"섭섭함이 느껴지는 일들은 생길 수 있지. 혹시 이 부분에 대해서 팀장에게 이야기해봤어?"

"아니요. 어떻게 그런 걸 이야기해요. 제가 그렇게 이야기하면 저보고 또 예민하게 군다고 말할 거예요."

팀장과 서로 마음을 조금이라도 나누었으면 좋겠는데, 그렇게 하지 않고 꾹꾹 쌓아가는 모습이 위태로워 보였다. 그러던 어느 날 아침, 그는 어김없이 출근하자마자 어제의 속상함과 지금 팀장과 겪고 있는 그 불편한 감정에 대해 나에게 쏟아내고 있었다.

"방금 팀장이 한 말이 너무 짜증 나요. 정말 폭발할 거 같아요"

결국 그날 저녁, 일이 터지고 말았다. 그가 갑자기 "나가서 이야기 좀 하시죠" 하면서 팀장을 데리고 회의실로 갔고, 조금 뒤 회의실에서는 소리치며 화내는 목소리가 들렸다. 그리고 며칠 뒤 이어진 그의 퇴사 소식. 그는 위염에 걸렸고 퇴사를 했다. 그 모습을 지켜보던 나도 위경련이 왔다. 해당 팀의 팀장은 직원 관리 못 한다고 회사에 찍혔다. 이후 그 팀은 결국 해체되었다. 이 일의 시작은 무엇이었고, 이 일의 문제는 무엇이었나. 결국 얻은 것은 없다. 모두가 잃었을 뿐이다.

"제가 예민한 건가요?"에 숨어 있는 속마음

：

마음이 답답해질 정도로 고민되는 일을 주위 사람들에게는 물어보거나 말하지 못하고 네이버 카페나 블로그 등 SNS에 올린 글을 본 적이 있다. 남편과 시댁에 관한 이야기였는데, 명절 전 벌초하러 가는 일정을 잡는데 임신한 자기가 가야 하는가에 관한 내용이었다. '임신했으면 당연히 오지 말라고 하는 게 정상 아닌지?'로 시작된 그 글은 시댁에 대한 불편함과 남편에 대한 섭섭함으로 가득했다.

"임신 4개월 차입니다. 아무리 위험한 시기는 지나고 안정적인 시기로 돌입했다 하더라도 저는 임산부인데 벌초하러 안 가는 건 당연한 거 아닌가요? 시댁에서 오라는 말도 안 하지만, 오지 말라고 말하지 않는 것도 참 이상합니다. 먼저 저에게 그렇게 이야기해야 하는 거 아닌가요? 결혼 3년 차에 이런 고민을 해야 하는 게 참 속상하네요. 매년 벌초하러 갔었던 저로서는 지금 이 상황이 상당히 불편합니다. 매년 갔지만 임신했으면 당연히 안 가는 게 맞는 건데 그런 말도 못 하는 제가 한심하기도 하고요.

물론 제가 산에 가서 막 벌초를 하는 것은 아니에요. 시댁에 가는 것 자체가 좀 피곤하긴 한데, 남편은 그 마음도 모르고 가족들이 벌초하러 간 사이에 집에서 쉬면 안 되냐고 그러는 거예요. 1시간 거리인데 많이 불편하냐고 물어보는 그 모습도 참 꼴 보기 싫어요. 시댁과의 일에서 항상 중립적으로 판단하는 남편이 이해가 안 가고 계속 밉고 섭섭합니다. 제가 예민한 건가요? 제가 예민한 건지 아닌지 객관적으로 판단해주세요."

이렇게 마무리된 글을 읽으며 내가 한 첫 번째 생각은 이 글들이 전반적으로 글쓴이 자신의 입장을 알아달라는, 자기 위주로 쓴 글이라는 사실이다. 당사자들에게는 말하지 못하고 그 일을 마음에 담아두고 있는 자기 자신이 예민한 것인지 그들이 이상한 것인지 판단해달라는 것은 본인의 마음을 알아달라는 신호였다. 그리고 그 마음에는 자신이 예민한 사람이 아니라는 전제조건이 알게 모르게 깔려 있다.

글쓴이는 "님이 그렇게 생각하는 게 당연한 거예요", "남편이 잘못했네요. 님이 예민한 게 아니에요" 같은 자신을 편드는 댓글을 보며 마음의 위로를 얻는 것이다.

보는 시각의 차이와 느끼는 감정의 차이

타인과의 관계에서 밤에 잠이 안 올 정도로 감정이 흔들리거나 피로가 느껴질 만큼 일상생활에 방해가 된다면 자기 자신이 예민함을 갖춘 사람은 아닌지 점검할 필요가 있다. 어떤 사람은 감정과 생각에 두꺼운 옷을 입은 듯이 둔감해서 상대방이 어떻게 생각하고 느끼는지 잘 모르기도 하고, 어떤 사람은 여름 민소매를 입은 듯이 스치기만 해도 '악' 소리를 지르듯 예민하고 민감한 소리를 내기도 한다. 지극히 예민한 사람들은 후자에 속하는데, 그런 예민함은 상대방의 감정을 잘 이해하고 느끼는 장점이 있는 반면 그로 인해 자기 자신을 힘들게 하거나 상대방을 힘들게 하는 일을 만들어내기도 한다.

강의 갔을 때의 일이다. 옥타비오 오캠포(Octavio Ocampo)의 그림 〈바다의 입맞춤〉을 보여주고 무엇이 보이는지 교육생들에게 물어보았다. 그 그림은 멀리서 보면 하늘과 바다와 나무가 있는 풍경으로도 보이고 두 남녀가 입맞춤을 하려는 그림으로도 보이는 대표적인 착시 그림이었다. 그런데 세부적으로 보면 훨씬 다양한 요소들이 숨어 있다. 그래서 어떤 사람들은 새를 찾기도 하고 더러는 구름을 보는 사람도 있다. 또 어떤 사람은 "두 사람이 아주 사랑하고 행복해하는 거 같아요"라며 감정을 넣기까지 했다.

하나의 그림을 보여주었는데 왜 보는 사람들은 다 다르게 보는 것일까? 물론 꼭 무엇을 보아야 한다는 정답이 있는 그림은 아니지만, 보는 사람마다 시각의 차이가 있다. 직장에서, 가정에서 상대방의 행동과 말로 인해 어떤 사건을 인식하게 되었을 때, 사람마다 보는 시각이 다르고, 느끼는 감정이 다르다.

그리고 그 시각과 감정의 차이를 그대로 인정하고 받아들이는 사람이 있고 예민하게 감정적으로 생각하는 경우가 있다. "예민하다", "소심하다", "너무 걱정이 많은 것 아니냐", "왜 이렇게 불안해하느냐" 등의 말들을 생각하며 예민하게 생각하지 말아야지 하고 마음속으로 수백 번 다짐해도 좀처럼 마음이 가라앉지 않고 오히려 더 예민함의 끝을 달리는 사람들이 있다. 그렇다면 이러한 예민함의 장점은 살리고, 편안한 마음 상태로 살기 위해서는 어떻게 해야 할까?

타고나는 예민함과 만들어지는 예민함

:

예민함을 타고난 사람들은 대인관계에서 항상 갈등을 겪는다. 타인과 접촉하면 할수록 예민하게 경험하는 일들이 생겨나고, 만나지 않더라도 상상과 걱정에 휩싸이기도 한다. 고립감과 우울감이 생겨나 감정적 교류는 점점 더 차단된다. 그러다가 감정의 바닥까지 드러나는 공허함을 느끼기도 한다. 마음이 '허하다'라는 생각이 들면 일상에 의욕이 없어진다. 의욕이 없으면 행복할 리도 없다.

먼저 자신이 예민한 사람인지 아니면 상황에 의해서 만들어진 예민함인지를 판단하는 것이 필요하다. 상황에 의해 순간적으로 만들어지는 예민함은 누구나 있을 수 있다. 하지만 본인의 예민함은 타고났고, 그 예민함의 장점보다는 단점으로 인해 힘이 든다면 개선이 필요하다.

어떤 일로 인해, 어떤 사람의 말과 행동으로 인해 불편하고 신경이 곤두서 있다면 다음 내용을 체크해보길 바란다.

- 상대방의 말에 쉽게 화가 난다.
- 밤에 잠들기 전에 하루 동안 있었던 일과 들었던 말들로 인해 잠이 안 올 정도다.
- 매일 긴장되고 불안하다.

- 새로운 사람을 만나는 일이 어렵고 힘들다.
- 사람들이 예민하다고 말하면 순간적으로 짜증 난다.
- 사람들에게 섭섭하다는 감정을 자주 느낀다.
- 나는 공정하게 행동하는데 상대방은 그렇지 않다고 생각한다.
- 사람들과의 관계에 에너지를 많이 쏟아서 피곤하고 몸이 아프다.
- 미래에 대한 계획보다는 걱정이 앞선다.
- 어떤 문제에 대해 생각하면 그 생각이 꼬리를 계속 문다.

위 항목들이 일상생활에서 자주 일어나거나, 다른 상황에서도 동일한 생각과 감정이 많이 든다면 예민함이 타고난 사람일 확률이 높다.

이제 예민함을 강점으로
:

하지만 예민함에 부정적인 상황만 있는 것은 아니다. 예민하다는 것은 타인의 감정과 생각을 잘 읽어내는 강점이 되기도 한다. 다만 그러한 강점을 제대로 살리지 못하고 잘못 후벼 파다 보면 오히려 상처가 드러나 너무 아프다. 이제는 상대에게 상처받지 말고 자기 자신에게 상처를 주지도 말자. 먼저 어떤 사건이 생겼을 때 이렇게 해보자.

1단계. 어떤 사건에 관해 사실만을 작성한다

나에게 이런 일이 생겼다. 이런 상황이다. 그는 이렇게 말했다. 나는 이렇게 말했다. 이런 식으로 딱 일어난 사건의 과정만 작성하자.

2단계. 상황에 관한 나의 감정을 작성한다

이 일로 인해 나는 이런 감정을 느꼈다. 여러 감정을 느꼈다면 그 모든 감정을 전부 작성하는 것이 좋다.

3단계. 그 감정으로 인해 이어지는 생각을 작성한다

예를 들어 불편한 감정이 들어서 나를 무시한다고 느꼈다면, '나를 무시하나?'라고 작성하자.

4단계. 이제 마지막으로 질문을 해본다

그 객관적인 사건이 정말로 나를 무시하는 사건이었는가?

5단계. 위 질문에 관해 다시 생각한다

위에서 스스로 했던 질문들을 떠올리며 상황, 감정, 생각이 자연스럽게 이어졌는지 생각해보는 과정이 필요하다. 그리고 그 과정이 오늘만 특별히 내가 그렇게 생각하는 것인지 매번 그런 것인지 생각해보고 개선을 원한다면 다음과 같이 생각해보자. '그렇게 상황이 되었다고 해서, 꼭 나를 무시해서 그런 것은 아니다. 다만 나에게 그렇게 느껴졌기 때문이다.'

본인 스스로 예민하다고 생각하고 그 예민함을 인정해버리고 살게 되면 본인도 피곤하고 주위 사람들도 피곤해진다. 상황에 관해 느낀 불편한 감정이 부정적인 생각으로 이어지지 않도록 중간중간 자신에게 질문하고 그 감정을 마주하고 그 생각들을 한 이유에 대해 고민해보자. 이런 방법을 여러 상황에 대입하다 보면 상황에 따른 유연함도 생길 것이다. 그로 인해 평안한 마음도 덤으로 얻게 될 것이다.

우아한 뒷담화와
가면 쓴 앞담화의 탄생

아무한테도 말하지 마

:

이전에 다니던 회사에는 여러 가지 캠페인이 있었다. 주로 기업문화를 개선하기 위한 필연적인 것들인데, 한번은 뒷담화에 관한 포스터가 걸려 있었다. '앞에서 할 수 없는 말은 뒤에서도 하지 말기', '뒷담화 듣지도 말고 하지도 말기'. 이런 내용이 일러스트와 함께 크게 한 페이지로 만들어져서 복도와 화장실 곳곳을 차지했다.

그리고 포스터 옆에 설문 내용도 함께 부착되었는데, 그 내용은 '뒷담화. 들어본 적이 있나요? 어떤 내용인가요?' 하는 설문지의 결과였다. 과반수가 자신의 뒷담화를 다른 사람을 통해 들어봤다고 답했고 주요 내용은 업무 비하, 개인 신상 즉, 확인되지 않은 정보에 관한 추측이었다.

그 포스터를 보며 나는 이런 생각을 했다. '사람들은 왜 뒷담화를 하는 것일까?' 그 사람이 없는 자리에서 하는 이야기니까 그 사람은 모를 거라고 생각되겠지만 아이러니하게도 그런 말들은 더 빨리 당사자 귀에 들어간다. 모든 사람이 입이라는 게 있고 귀라는 것을 가졌으니 말이다. 소문은 타고 타고 또 타고 번지는 법. 어느 한 사람에게 "절대 아무한테라도 말하면 안 돼. 이건 진짜 너한테만 말하는 거야" 하고 입단속을 몇 번이나 받고서 시작한 말이지만 그 말은 또 누군가에게 '절대 말하지 마'라는 말과 함께 전해진다. 참 아이러니하다.

웃자고 하는 말만큼 안 웃긴 말은 없다

그런데 살아가다 보니 뒤에서 쉬쉬하며 말하는 사람은 앞에서는 말 못하는 겁쟁이 초급자처럼 느껴진다. 정작 스킬이 뛰어난 고급자는 상대방 앞에서 웃으면서 아무렇지 않은 듯 까는(껍질을 까듯이 조금씩 깎아내리는 듯한) 사람들이다. 그런 말은 상대방을 더 '빡치게(언어순화를 하면 '화나게')' 한다. 그걸 나는 '솔직함의 가면을 쓴 앞담화'라 말한다.

'가면을 쓴 앞담화'는 듣고 있으면 묘한 기분이 든다. 내 경우에도 이런 앞담화 상황에 노출된 적이 있는데, 당시 나는 상대방의 표정을 보면서 속으로 매우 의아하면서도 묘했다. 상대가 그런 말을 하는 의중을 쉽게 알아차리기 힘들었기 때문이다. 그저 묘했고 '이건 뭐지?' 하는 기분에 빠져 있을 뿐이었다. 당장 대화를 잠시 멈추고 '아니, 잠시만! 지금 한 그 말, 그게 무슨 뜻이야?'라고 물어보고 싶었지만 그렇게 하자니 내가 괜히 오해했나 싶은 생각에 말을 아꼈다. 그런데 상대는 내가 가만히 있어서인지 아니면 그런 말에 감정이 조금씩 요동치며 표정이 들쑥날쑥한 내 모습이 재미있었는지 입꼬리를 살짝 올리며 하던 말을 계속 했다. 나는 계속되는 상대의 말에 묘했던 기분이 상하고 나빠져서 표정이 굳어져버리고 말았다. 그리고 이어진 나의 말.

"그 말…… 무슨 뜻이야?"

정색하며 묻는 내 행동에 상대방은 더 정색하며, 하지만 웃음이 약간 있는 표정으로 눈을 동그랗게 떴다. 상대의 그 표정을 보며 순간 마음속으로 깨달았다. '아, 내가 말렸구나' 그런 후회를 혼자서 읊조리는 동안 상대가 치고 들어왔다.

"어머 아니, 웃자고 하는 말인데 왜 그래요."

이건 비꼬는 것인지, 놀리는 것인지, 싸우자는 것인지, 얕보는 것인지, 거참 속을 알 수가 없다. 확실한 것은 지금 내 앞에 있는 이 사람이 내 편은 아니라는 것이다. 내 사람이 아닌 것이다. 그런 사람에게 내 감정을 내비치면서 더 좋은 관계를 위해 노력해야 할지 아니면 나도 상대방처럼 똑같이 받아치며 '너도 당해봐라' 슬쩍 비위를 건드리는 말을 돌려치기 해야 할지 그 순간 결정하기도 참 어렵다.

나는 타고난 게 전자 쪽이어서 상대에게 내가 느낀 감정을 표현하고 오해가 없길 바라는 마음을 전달하는 것이 일상적이었다. 하지만 그날은 달랐다. 그날 상대가 내뱉은 말은 솔직함을 넘어서서 무례한 쪽이었다. 나는 그날만큼은 상대에게 정색한 표정으로 말했다.

"잠시만, 방금 뭐라고 했어? 방금 나한테 '일 잘한다고 주위에서 칭찬이 많으니 좋겠어요. 평생 일이나 하지, 결혼하고 애는 왜 낳았어요?'라고 했어? 내가 똑바로 들은 거 맞지?"

아슬아슬한 선 타기
:

앞에서 웃으면서 조금씩 나를 깎아내리다가 갑자기 훅 들어온 내 공격에 놀란 상대의 표정이 아직도 생생하다. 상대는 평소에도 대화할 때마다 아슬아슬한 선 타기를 하는 사람이었다. 살아가면서 적을 만들지 말자는 신념하에 살아온 나로서는 상대하기 어려운 사람이었다.

평소 그런 말을 들을 때마다 그냥 '관계 개선을 위해서 좀 더 노력해봐야지' 하는 쪽으로 행동했었지만, 나는 그날 참지 않았다. 무엇보다 내 가정까지 거론하며 건드리는 것을 참을 필요는 없었다. 아슬아슬한 선 타기는 언젠가는 경계를 넘기 마련이다. 그가 선을 넘는 순간, 친절했던 나는 더 이상 그 자리에 없었다.

나는 이 문제를 그냥 넘어가지 않았다. 몇 년간 지속되었던 그의 행동과 말에 많은 사람이 상처 입었고, 이를 공식적으로 문제 삼는 일이 없었기에 한 번은 짚고 넘어가야 한다고 생각했다. 그래서 이 문제를 공론화시켰다. 그러고는 다시는 이런 일이 일어나지 않도록 공식적으로 절차를 밟아 주의를 시켰다. 상대는 그 이후로도 다른 사람들의 익명 글을 통해 부적절한 언행을 한 것이 몇 차례 드러났지만, 몇 년이 지난 지금은 조금씩 달라진 태도와 모습을 보였다.

언행에서 조심하지 않는 사람들은 자신의 언행을 상대가 모를 것이라고 짐작한다. 아니면 애써 모른 척하는 걸 수도 있다. 하지만 아슬아슬한 선 타기는 언젠가는 기필코, 그 선을 넘기 마련이다. 그리고 그제야 당사자는 자신의 언행과 사람들에게 뿌려놓은 대가를 한꺼번에 치르는 일을 겪게 된다. 선 타기를 스스로 자제해야 하는 이유가 여기에 있다.

아무리 속이고 숨겨도 흠집 내기 대화는 티 난다

:

친구나 친지 또는 동료에게 좋은 일이 생겼을 때 진심을 다해 축하해주는 일만큼 내공이 필요한 일은 아마 없을 것이다. 그래도 남의 집 경사에는 대부분 말로라도 축하의 인사를 건네는 게 보편적인 반응이다. 그런데 경우에 따라 자기 감정을 이상하게 비꼬면서 드러내는 사람들이 있다. 이들은 대개 대놓고 부럽다고 하거나, 대놓고 불편하다고 하거나, 대놓고 공격하거나 하지 않는다. 대신 우회적으로 살짝 에둘러서 상대의 마음을 콕콕 찌르는 말을 내뱉는다.

자신의 감정을 내비치지 않는 대신 상대에게 은근히 흠집을 내는 말을 건네는 것이다. 그러나 우아하게 쏘는 듯한 그 말들이 그런 의도를 담고 있음을 상대방도 다 알고 있다. 상대방이 자신보다 조금 더 많이 가졌거나, 자신보다 괜찮아 보이거나, 그렇게 잘될 존재가 아니라고 생각했는데 정말 잘나가거나, 자신은 못 가져서 괴로운데 자신보다 부족한 사람이 그걸 가졌거나 하는 특정 상황에서는 복잡 미묘한 감정이 들게 마련이다. 그러나 어른이라면 그런 감정들을 '상대방에게 내비치면 안 된다'고 하는 사회적 통념으로 인해 직접 표현하는 대신 '돌려 까기식 대화'를 내뱉게 되고, 이것이 결국 상대방을 알게 모르게 공격하는 것이다.

이런 대화는 일반적으로 학교 동창 사이에서 쉽게 마주칠 수 있다.

"얼굴 좋아졌다. 남편이 잘해주나 봐? 학교 다닐 때 너 진짜 많이 놀았는데 인생 참 알 수 없다. 그치? 근데 남편이 너 노는 거 좋아했던 거 알고 있어? 하긴 지금처럼 이렇게 얌전하게 옷 입고 다니는데 어떻게 알 수 있을까. 운도 좋아. 남편한테 고맙게 생각해라 애."

"그러게. 나보다 나이가 어리다보니 나한테 잘해줘. 아무래도 나이 차가 있으니 더 그렇지. 옛날 생각 하면 그런 거 상관없이 잘해주는 남편이 고맙지 뭐. 출장 갔다 올 때마다 꼭 선물도 사다주고. 이 귀걸이도 얼마 전에 남편이 사다 준 거야."

"어머, 너무 좋겠다. 그렇게 살면 무슨 걱정이 있겠어? 그런데 그렇게 출장이 잦으면 조금 불안하지 않아? 그 회사 여직원들도 많잖아?"

이 두 사람의 대화를 옆에서 듣고 있으니 입사 동기이면서도 고등학교 동창이라는 친분이 믿기지 않았다. 친구에게 날라리라던 그 사람도 딱히 자신도 모범생은 아니었다며 학창시절 이야기를 하면서 생글생글 웃는 표정으로 친구에게 칭찬인지 부러움인지 험담인지 알 수 없는 경계선의 말들을 쏟아내는 게 이해되지 않았다. 가만히 듣던 옆 동료가 기어코 한마디 했다.

"에이~ 부러우면 부럽다고 해. 나도 그런 반짝이는 거 하나 받고 싶다. 한번 구경이나 해보자!"

그 사람은 좀 머쓱했는지 차를 한 모금 마셨다. 그 뒤로도 그 두 사람은 서로 점점 날을 세우는 모습을 보이다 결국 어색하게 헤어지고 말았다. 중간에서 지켜보던 동료와 나도 지금 이 상황을 바로 개선하기 어렵다고 생각해 함께 자리에서 일어났던 기억이 있다. 상대방과 좋은 관계를 유지하고 싶다면 이런 공적인 자리에서는 불편해할 것 같은 말을 하지 말아야 한다. 물론 서로 대립이 필요한 경우는 제외한다고 하더라도 말이다. 눈앞에서 말을 하든, 뒤에서 말을 하든, 욕하고 흉보려고 그러는 거 다 티 나니까.

내 감정을 객관적으로 판단해보자
:

나도 '우아한 뒷담화' 아니면 '흉인 듯 흉 아닌 듯한 흠집 내기' 식의 대화를 하는 사람일까 고민된다면 간단하게 다음을 체크해보자.

• 상대방과 이야기를 나눌 때 그 내용에 불편한 마음이 드

는 경우가 많다.

- 상대방이 자기 자랑을 할 때 그것을 인정하는 것이 힘들다.
- 상대방의 말을 가만히 듣고 그 말에 무조건 대응해야 한다고 생각한다.
- 나는 작은 것을 이루었더라도 인정받는 사람이다.
- 나는 우리 팀(우리 가정, 우리 모임)에서 항상 주도권을 가져야 한다.

위의 문항에 세 개 이상 해당한다면 자신의 태도에 빨간불이 켜졌음을 깨닫는 게 필요하다. 왜냐면 상대에게 일어난 좋은 일은 있는 그대로 축하해주는 것이 내 심사를 가장 편하게 만들기 때문이다. 만약 상대가 자기 자랑을 심하게 하는 경우라면 매번 그 사실을 인정해주는 게 힘들 수 있다. 이때는 '나에게 인정받고 싶기 때문'에 자기 자랑을 하는 상대의 마음을 헤아리면서 상대의 '자랑질'에 본인 마음의 요동을 잠재울 수 있다. 반면 그 마음을 자랑질로만 생각하고 밀어내며 잣대를 대고 평가한다면 상대는 나에게서 마음의 문을 닫을 것이고, 나는 나대로 불편해진 마음을 마주하게 될 것이다.

상대방이 가진 것과 말하는 내용 등을 잘난 척이 아닌 그 자체로 보기 싫어서 자꾸만 대화를 받아치고 있다면 지금 스스로 스트레스를 받은 상황이 아닌지 생각해봐야 한다. 내가 다 가졌다고 생각하고 내가 행복하다고 생각하면 상대에 대해서도 허용적이다. 그런데 그렇지 않다면 자신의 상황과 감정에 불편함이 있다는 것이다.

내 마음이 다치지 않는 선에서 상대방을 조금씩 깎아내리는 말이 나올 거 같아 마음이 슬금슬금 요동친다면 마음을 차분히 가라앉히고 머리로 그 말을 다시 한번 생각해보고 입으로 내뱉어야 한다. 내가 지금 어떤 상황인지, 어떤 감정인지를 생각하고 그게 내 문제인지 상대방이 원인인지 생각해보자. 내 상황과 감정이 상대방과 관련 없는 것이라면 조금은 내려놓고 상대를 인정해주는 것이 관계 개선, 관계 유지를 위해서 필요하다.

'죄송합니다'의
두 얼굴

신입사원이 가장 많이 하는 말 '죄송합니다'
:

K사 토크쇼를 진행하던 때였다. 그 회사의 대리, 과장급 직원들을 대상으로 진행한 그 토크쇼에 초대된 아나운서가 있었다. 그분은 여러 방송사에서 아나운서 일을 하고 또 다양한 직업을 많이 가져본 사람이었다. 당시 참석한 대상자들의 고민 중에 이직 관련 이슈가 있어서 나는 이렇게 물어보았다.

"이직을 많이 하셨는데, 그 많은 직장에서 가장 많이 한 말이 무엇인가요?"

그분은 내 질문에 잠시 생각에 잠기더니 이렇게 말했다.

"죄송합니다. 이 말요."

항상 처음이니까 실수도 잦았고, 실수할 때마다 "죄송합니다"라고 말했다는 것이다. 전화벨이 울리면 한 번 만에 받아야 하던 신입 시절, 두 번 만에 받으니 "왜 전화 이렇게 늦게 받느냐"라는 말에 전화기를 든 채로 고개를 숙이며 죄송하다고 말했다는 것이다. 그 후로 전화벨이 두 번 울린 후 받게 되면 상대방이 뭐라고 하지도 않았는데, 습관처럼 죄송하다고 말했다는 것이다.

그렇다면 우리는 '죄송합니다' 이 말을 언제 사용해야 할까? 주위를 보면 죄송하다고 말해야 하는 상황인데도 절대 굽히지 않는 사람이 있고, 그리 죄송하다고 말하지 않아도 되는 상황인데도 습관처럼 자주 말하는 사람이 있다. '죄송합니다'는 어느 자리에서 어느 정도로 해야 적당할까? 그 기준이 있을까?

사과와 예의를 착각하는 이유

:

아이를 키우는 나는 유달리 활발한 성격을 가진 아이 덕분에 '죄송합니다'라는 말을 많이 해보았다. 아이가 커피숍에서 뛰어다녀 아이를 붙잡고 주위 손님들에게 죄송하다고 사과하면서 급하게 커피를 원샷하고 나올 때 또는 아이를 유모차에 태우고 가는 길목에서 유모차와 부딪힐까 봐 상대가 조금 돌아갈 때 등 참 많이도 사과했던 것 같다.

그런데 한 번은 이런 생각이 들었다. '정말 죄송할 일인가?' 우리 형제들이 어렸을 때부터 엄마에게 들었던 가훈과 같은 말은 "남한테 피해주지 말아라. 그리고 착하게 자라라"였다. 그래서 되도록 다른 사람들 위주로 생각하고, 배려하고, 양보했다. 남을 불편하게 하면 안 되니 혹시라도 불편하게 만들게 되면 미안하고 죄송한 마음이 드는 것이다.

생각해보면 다른 사람들은 같은 상황에서 그렇게 죄송하다고 말하지 않는데 나는 왜 그런 것일까? 아마도 어렸을 때부터 엄마에게 들었던 말 때문인 것 같다. 다른 사람들은 이 정도면 죄송할 일이 아닌데 나에게는 죄송한 일인 것을 보면 타인보다는 좀 더 엄격한 잣대로 기준을 세워 나 자신을 통제하는 것 같다. 타이트한 기준을 세워보면 세상에 모든 것이 다 죄송할 일인 것이다. 그렇게까지 할 필요가 없는데 말이다. 그리고 그렇게 말하고 나면 예의를 지키고 타인을 배려해서 행복하고 좋다가도 가끔씩 우울하고 자존감이 낮아진다. 자존감이 낮아지면서까지 '죄송합니다'를 할 필요가 있을까? 아니다. 그렇게 할 필요가 없다. 그건 그렇게 말하는 것이 예의라고 착각하는 내 마음속 오류일 뿐이다. 다음은 '죄송합니다'의 나쁜 사례와 좋은 사례다.

더 화나게 하는 조건부의 '죄송합니다'

:

사무실에서 한참 동안 큰소리가 난다. 회사에서 추진하는 프로젝트에 참여하지 않겠다고 하는 부서원과 그걸 반대하는 부서장의 목소리 높은 설득이 사무실을 가득 채운다. 멀리 떨어진 우리 부서에 있던 사람들한테도 다 들릴 정도였으니, 아마 다들 일하면서도 다 듣고 있었을 것이다. 두 사람의 대화는 어느덧 감정싸움으로 치달았고, 부서장의 일방적인 큰 소리로 대화는 중단되었다. 긴장감이 흐르는 침묵의 1분 정도가 지나고, 부서원의 한마디가 부서장을 더 화나게 했다.

"부장님. 제가 잘못했다면 죄송합니다."

'잘못했다면 죄송합니다'는 과연 무슨 뜻일까? 그것은 잘못하지 않았고 죄송하지 않다는 것이다. 잘못하지 않았다면 죄송할 필요가 없다. 정말 죄송하다면 '잘못했다면'이라는 조건을 붙이지 말아야 한다. 이 말의 뜻은 '난 절대 죄송하다고 말하기 싫어. 하지만 내가 잘못했다고 (당신이) 느꼈다면 그래, 그렇게 해주마' 이런 뜻이다. 이런 사과는 상대방을 더 화나게 한다. 대화의 언성을 높이게 하고 감정을 뒤섞이게 만들어 더 이상 대화가 이어질 수가 없는 것이다.

효과 좋은 '죄송합니다'

:

아침에 출근 준비하는데 아홉 살 아들과 할머니가 다투는 소리가 들렸다. 아이가 일방적으로 소리를 지르는 걸로 들려서 출근 준비를 멈추고 화가 난 채로 아들에게 갔다. 이유를 들어볼 새도 없이 왜 할머니한테 화내냐고, 왜 그렇게 소리를 지르냐고, 똑바로 예의를 갖추라고 아이를 혼냈다. 그리고 당장 할머니한테 가서 사과하라고 했더니 아들이 되물었다.

"엄마, 엄마가 시켜서 죄송합니다 하고 사과했어. 그런데 왜 나만 사과해야 해? 나는 더 자고 싶은데, 할머니가 너무 일찍 그리고 큰 소리로 깨워서 짜증이 났어. 할머니가 나를 짜증 나게 만들었으니까 할머니도 미안한 거 아니야?"

순간 '아, 이렇게도 생각할 수 있구나' 싶었다. 무조건 또는 습관적으로 죄송하다고 말하게 하거나 '잘못했다면 죄송합니다'라고 조건을 달거나 하는 게 아니라 나름의 기준이 있다면 그리고 상대가 한 행동이나 그 상황을 이해할 수 있다면 진심으로 '죄송합니다'라고 말할 수 있지 않을까? 이런 생각을 하며 아이에게 이야기했다.

"너는 더 자고 싶은데 너무 일찍 큰 소리로 깨워서 그 소리 때문에 짜증이 났을 거 같아. 그런데 할머니는 너를 왜 깨웠을까?"

"학교에 늦지 말라고."

"맞아. 학교에 늦지 말라고 너를 깨웠는데, 네가 소리를 지르니까 할머니는 마음이 어땠겠니?"

"안 좋았을 것 같아."

"맞아. 상대방에게 소리를 지르는 것은 안 돼."

"나도 알아."

"그래. 상대방에게 소리 지르는 건 안 된다는 걸 네가 아는데, 그렇게 행동했으니 이건 네가 잘못한 거야. 할머니가 많이 놀랐을 거 같다. 어서 가서 죄송하다고 말씀드리고, 이유를 설명해드려."

"할머니, 죄송합니다."

"준우가 그렇게 해서 할머니가 놀랐어. 깨우는 게 짜증 났어? 그럼 학교에 늦지 않게 하려면, 어떻게 해야겠니? 할머니가 어떻게 도와줄까?"

"내가 일찍 일어나야지."

"그럼 일찍 일어나려면, 알람 소리를 크게 해둘까? 스스로 일어날래? 만약에 일어나지 못하면 네가 정한 시간에 일어날 수 있도록 깨워줄게. 대신 그 시간에 깨우는 것은 네가 짜증이 나도 일어나야 해."

"할머니 그거 정말 좋은 방법이야."

이렇게 할머니와 아들의 협상으로 대화가 마무리됐다. 사실 '죄송합니다'라는 말을 언제, 어떻게 사용해야 한다는 것에 정답은 없다. 하지만 나름의 기준을 정했으면 좋겠다. 무조건 죄송하다고만 하지 말자. 그게 예의라고 생각하고 자주 습관적으로 말하다가는 내 자존감만 낮아지고 듣는 사람도 민망할 수 있다.

내가 한 행동을 상대방이 나에게 똑같이 했을 때 기분이 나쁘고 화가 난다면 그 행동은 당연히 상대방에게 '죄송합니다'라고 말해야 하는 행동이다. '내가 당했다면 어땠을까?' 이게 기준이다. 그리고 사과해야 한다고 느꼈다면 조건 달지 말고 진심으로 사과하자. 그게 좀 더 멋진 모습이다.

익명성에 숨은
속뜻 알아차리기

얼굴 못 알아보면 그만이지 뭐

많은 사람이 코로나19 때문에 마스크를 쓰는 것이 익숙해졌다. 바이러스에 민감하게 반응하기 시작한 시기에 우리 모두 당연하듯 마스크를 하나씩 쓰고 다녔다. 주위 동료 중에는 마스크가 갑갑하다는 사람도 있었지만 오히려 편하다고 하는 사람도 많았다. 메이크업할 때 립스틱까지 바르지 않아도 되고, 메이크업도 적당히 할 수 있다는 이유 때문이었다.

그리고 또 마스크에 모자까지 쓴다면 내가 누구인지 다른 사람들이 알아보지 못한다는 것이었다. 이 때문에 상대방에게 인사를 하거나 하는 의무적인 행동을 하지 않아도 된다는 것이 편한 이유였다.

하지만 그중에는 마스크로 감추어도 누구인지 딱 알아볼 수 있는 티가 나는 사람들이 있는데 나도 그중 한 사람이다. 그래서 그런지 괜히 평소보다 더 열심히 인사를 했던 것 같다. 나를 알아보지 못하더라도 내가 아는 사람이면 먼저 인사를 건넸다. 그러면 상대방은 "어머, 몰랐어요. 마스크를 쓰니 진짜 누군지 모르겠네"라고 말하는 것이 아닌가?

얼마 전, 나는 그 사람이 누구인지 당연히 아는데, 그 사람은 나와 눈이 마주쳤는데도 멈칫하면서 인사를 하지 않고 쓱 지나갔다. 한두 번이 아니었다. 단지 마스크를 썼을 뿐인데 알아보지 못한다고 생각한 것인지, 알아보지 못한다고 생각해 그 자리를 회피하는 것인지 몇 번이나 그냥 지나가버렸다. 그 입장을 생각해보니 '에이~ 인사해도 뭐하겠어. 어차피 다 알아보지도 못하는데 뭘…… 괜히 인사했다가 상대방이 못 알아보면 서로 민망한데, 그냥 지나가지 뭐' 이런 생각이 있었을 것이다. 얼굴에 마스크를 하나 썼을 뿐인데, 우리는 왜 이런 마음이 드는 것일까?

모르는 사람인데 좀 막 대하면 어때

:

    일하다 보면 여러 사람을 만나게 되는데, 개중에는 대면하거나 아니면 전화로 이야기하는 것을 좋아하는 사람이 있는 반면 이메일이나 문자를 더 선호하는 사람이 있다. 이메일이나 문자를 선호하는 사람들과는 만나거나 전화하면 오해가 생길 일이 아닌데 텍스트로만 계속 주고받다 보니 오해가 생기기도 했다. 왜냐하면 글이란 것은 자신만의 입장에서 쓰는 것이라 읽는 상대방의 입장까지 고려하지 않기 때문이다. 얼굴을 보지 않는 상황에서 글로 전하는 마음이란 상대방이 잘 받아들일 수 있도록 적어야 한다. 최대한 감정을 숨겨야 오해가 없다.

    만약 그렇게 주의를 했는데도 오해가 생겼고 이후에 그 오해에 대해 알게 됐다면 해명 또는 설명을 할 수 있다. 그리고 그렇게 하는 이유는 상대방과 내가 서로 아는 사이고, 서로 간의 회복이 필요하다는 것을 인지하고 있기 때문이다. 하지만 반대로 서로가 모르는, 아무 관련 없는 사이라면 어떨까? 그럼 입장이 달라진다. 예를 들어 상대방과 내가 아무 상관이 없다면 상대방이 오해하건 말건 상관이 없어진다. 그렇다면 이런 생각은 왜 드는 것일까?

모두 '익명성'이라는 그림자에 숨어 산다

:

마스크로 얼굴을 조금 가렸을 뿐인데 상대방이 나를 모른다는 생각이 들면 평소와 다른 행동을 하는 일이 일어난다. 아무 관련 없는 사이라면 이메일로 생긴 오해를 풀려고 하지도 않는다. 이런 행동을 하는 이유는 명백하다. 내가 누구인지 상대가 '모른다'고 확신하기 때문이다. 어떤 행위를 한 사람이 누구인지 드러나지 않는 것 '익명성'. 마치 드러나지 않는 그림자와 같다.

인터넷과 IT 혁명을 넘어 4차 산업혁명이라는 말이 보편화되면서 우리는 점점 자기 본연의 모습을 드러내지 않는 것에 익숙해지고 있다. 기술의 힘을 빌리든 환경의 힘을 빌리든, 익명성이 확장되고 있는 방향으로 가고 있는 것은 분명하다.

일례로 어느 대학에서는 신입생 환영회를 메타버스 [metaverse: 가공, 추상을 의미하는 메타(Meta)와 현실 세계를 의미하는 유니버스(Universe)의 합성어] 공간에서 만나 버추얼(virtual: 가상 즉, 실제로 존재하는 것이 아닌 상상하여 만들어진 상황이나 물체를 가리키기 위해 사용하는 용어)을 이용해 치렀다고 한다.

우리에게 익숙한 가상현실은 인터넷 속의 실제가 아닌 시스템을 뜻하지만, 메타버스는 우리가 사는 이 현실을 인터넷으로 확장시키는 실제가 존재하는 더 큰 시스템을 뜻한다.

다시 말해 버추얼 아바타를 통해서 자신을 표현하고 메타버스로 만들어진 공간에서 자유롭게 소통하면서 가상의, 더 정확하게는 익명성이 보장된 입학식을 한 것이다.

이 사례는 익명성에 관한 긍정적인 사례로 꼽힌다. 외부 환경으로부터 느껴지는 위협이나 타인이 자기를 평가하는 것에 대한 부담감을 감소시키면서도 입학식이라는 행사를 자연스럽게 진행했기 때문이다. 사람들은 익명성 아래라면 행동하는 데에 일말의 해방감을 느끼게 된다. 나를 알아보지 못한다는 생각이 행동에 자유를 부여하면서 심리적 안정감을 주는 덕분이다.

익명성을 악용하는 이들은 누구일까?
:

하지만 그 반대인 경우도 있다. 자신이 누구인지 드러나지 않는 것을 무기 삼아 악용하는 경우다. 일례로 인터넷에 확인되지 않은 악성 댓글을 다는 경우가 대표적이다. 특히 연예인을 대상으로 허위 글이나 비난의 글을 남기는 악플러는 인신공격성 글을 아무 죄책감 없이 남긴다. 대중에게 공개된 연예인은 철저한 익명성이 보장되는 가상 공간에서 아주 손쉬운 먹잇감이기 때문이다.

그리고 그 공간에서는 상대방이 나를 알 수 있는 정보, 다시 말해 즉 나의 직업, 사회적 지위, 직책, 부서, 나이, 외모, 성별과 신체에 대해 알 수 있는 것이 없다. 사방이 막혀 있는 골방과 같다. 인터넷에서 악플러가 활개를 치는 이유가 여기에 있다. 악플러들이 그런 행동을 계속하는 이유는 상대방이 나를 알 수 없을 거라는 확신 때문이다. 상대방이 나를 모르기 때문에 사건에 대한 거침없는 표현과 내면의 부정적 감정을 표출하는 것이다. 마치 마음껏 삐뚤어지겠다는 생각을 하는 것처럼 말이다.

그럼 이런 악플을 남기는 사람들은 대체 누구일까? 어린 학생들? 아니면 마음이 비뚤어진 사람들? 그러나 가끔 신문에 난 그들의 정체는 우리의 이런 편견을 여지없이 깨뜨린다. 특정 직업을 거론할 수는 없지만 사회적으로 신망받는 이들이 포함되는 것은 물론이고 아주 평범한 일반인까지 그 범위가 다양하게 분포되어 있다. 재미 삼아 글을 남기는 사회적 경험이 부족한 어린아이들이 아니라 우리 주위에 있는 그저 평범한 사람들까지 포함된다는 것이다.

자기 익명성에 대해 기억하자

:

이들이 이러는 이유는 대체로 첫 번째, 익명성을 통해 상대방과의 관계에서 자유로울 수 있다는 생각 때문이다. 두번째, '나는 이런 행동을 해야 해'라는 사회적으로 규정된 현실에서 벗어난다는 그릇된 해방감 때문이다. 그러나 이는 착각이다. 그럼 익명성에 숨어서 상대에게 거친 공격과 비난, 인신공격성 말을 퍼붓는 사람들의 마음엔 어떤 심정이 숨어 있을까?

자신이 처한 상황에서 일종의 놀이처럼 진행되는 이러한 행위는 강박증이 있는 사람 또는 그 놀이로 인해 세상의 관심을 받아 일종의 주인공이 되고 싶은 속마음이 숨어 있다. 채워지지 않는 감정의 공백이 다른 행위로 나타나는 것이다.

만약 공허하고 무언가 억눌리고 억압된 마음을 익명의 공간에서 풀어내는 사람이라면 악플을 쓴다고 해서 그 마음이 해소되지 않음을 알아야 한다. 악플은 또 다른 악플을 불러올 뿐이다. 그리고 그것은 중독처럼 자기 자신을 스스로 더 골방 안으로 고립시킬 뿐이다.

사회적 관계에서도 마찬가지다. 내가 누구인지 '사회적 단서'가 없는 상황에서 얼굴을 가리고 나를 알아보지 못한다고 느끼게 되면 억제되지 않은 감정으로 행동하게 된다. 나에게 익명성이 생기는 것이다. 만약 이런 비슷한 감정을 느꼈다면 그로 인해 자신의 평소 모습과 다른 행동이 나타날 수도 있음을 기억하자. 그러한 행동은 애써 쌓아 올린 관계를 무너뜨릴 수도 있고 그로 인한 후회는 반드시 따라오기 때문이다.

릴레이 연애의
숨은 마음

무엇보다 어려운 사랑의 정의
:

대학 시절, 일회성으로 진행한 진로 탐색 특강 시간에 생애 그래프라는 것을 그렸다, 대학을 졸업하면 직장을 구하고 결혼을 하고, 결혼을 하면 아이를 낳고 아이를 키우고 은퇴를 하고(모든 인생이 이렇지는 않지만 예를 들다면) 그런 생애 그래프 말이다. 그래프에 항목별로 적으면서 궁금증이 생겼다. 직장은 내가 원하는 곳으로 구하려 할 것이고, 아이도 몇 명 낳을지 정하면 되는데, 결혼은 누구랑 할지 기준이 세워지지 않았기 때문이다.

딱히 떠오르는 사람도 없었고 결혼을 하고픈 만큼 사랑하는 사람에 대해서도 기준이 세워지지 않았다. 시간이 흘러서 직장에 들어간 후 결혼하는 선배들의 모습을 보면서 한참 이렇게 많이 물어봤다.

"선배, 그 오빠랑 결혼하는 이유가 있어요?"

"결혼하는 사람은 딱 알아보게 되어 있어."

"어떻게 알아봐요?"

"딱! 느낌이 와!"

허허…… 딱 느낌이 온다니, 뭐 이런 말도 안 되는 소리를 하는 건지 싶었다. '나는 그런 느낌이 안 오는데 그럼 결혼은 못 하는 것인가?' 이런 생각을 했었다.

그러던 어느 날 딱 알아보는 사람이 생겼다. 나에 대해 모든 걸 말해도 나의 어떤 모습을 보여주어도 부끄럽지 않은 사람. 사랑하는 마음이 눈에 덧씌워져서 아무리 눈을 크게 뜨고, 눈을 비벼도 이쁘게만 보이는 사람. 내가 혼자 있어도 그의 존재만으로도 외로움이 느껴지지 않게 해주는 사람. 그리고 그때 나는 결혼이라는 것을 생각하게 되었다. 시간이 흐른 뒤 이제는 후배들이 나에게 많이 물어본다.

"선배, 결혼할 사람은 딱 느낌이 온다는데, 정말 맞아요?", "결혼할 때 이 사람이랑 결혼해야겠다 하는 느낌이 왔어요?"

지금은 기억이 가물가물하지만 그때의 기억을 더듬어보며 "그럼, 결혼할 사람은 느낌이 딱 오지. 지금은 간혹 잊기도 하지만 말이야"라는 말을 해주었다.

한 사람을 만나 사랑하고 연애하고 결혼으로 이어지는 것은 어떻게 보면 주위에서 꽤 흔히 일어나는 일이다. 그런데 간혹 이 일반적인 패턴(?)을 벗어나는 사람들이 있다. 소위 양다리를 걸친다거나, 썸타는 이성을 두어 명 두고 갈팡질팡하는 사람들이다.

어느 날, 부쩍 얼굴이 해쓱해진 후배가 나를 찾아왔다. 만나고 있는 사람들이 있는데 점점 힘이 든다는 것이었다. 둘 중 어떤 사람을 사랑하는지 그리고 때로는 두 명을 만나고 있는 자기 자신을 어떻게 해야 할지 스스로 걱정이 된다는 것이었다. 사랑하는 사람을 만나고 싶은데 그 사람들은 사랑이 뭔지 모르는 사람들 같다고 하면서 도대체 사랑은 어떤 사람하고 하는 건지 물어봤다. 사랑! 어떻게 정의를 내려야 하나.

다른 사랑이 찾아온다면 어떡할 것인가?
:

날씨가 좋은 가을날 종묘에 산책을 하러 갔다. 사람들을 유심히 살펴보는 게 습관인 내 눈에 할머니 한 분과 할아버지 한 분이 눈에 들어왔다. 어떤 사이일까 유심히 살펴보았다.

할머니의 가방은 그리 크지 않았고, 들고 걷기에 큰 어려움이 없어 보였으나 옆에서 함께 걷고 있던 할아버지가 "가방 줘요, 내가 들어줄게요" 하며 가방을 받았다. 못 이기는 척 가방을 맡기고 두 분이 걸음을 맞추어 걷는 모습을 보며 사랑, 연애의 감정은 나이를 떠나 누군가의 마음을 설레게 하는 감정이라는 것을 느끼게 되었다. 나는 내 주위 사람들에게 사랑을 정의 내려보라는 질문을 불쑥 던지곤 했는데, 사람들이 생각하는 사랑은 다음과 같았다.

관심을 가지는 것, 그 사람의 싫은 모습도 안아줄 수 있는 것, 보고 싶다는 말로는 채워지지 않는 마음이 가득한 상태, 눈을 뜨고 걸어도 자꾸만 보이는 사람, 목소리를 듣지 않았는데도 자꾸만 내 눈앞에 아른거리는 것. 나는 사랑의 정의를 다음처럼 내렸다. 좋아하는 느낌이 계속드는 사람 그리고 그런 상황. 내 말을 듣고 또 누군가는 이렇게 말했다. '그러한 사랑은 변하는 것 그리고 이동하는 것.'

절절한 사랑을 하고 싶다는 로망은 누구에게나 있다. 첫 시작은 타올랐지만, 익숙함에 묻혀 사라지는 따뜻함을 지켜내려고 악착같이 붙잡다가도 그런 익숙함마저 사랑이라고 인정하는 찰나 다른 사랑이 찾아온다면 당신은 어떻게 할 것인가? 그것도 사랑이라 할 것인가?

사랑이 변하고 이동하는 것이라고 했던 그 사람은 현재 동시에 두 명을 만나고 있다. 한 사람은 안정적인 관계로, 한 사람은 안정적이지 않은 관계로. 그렇게 동시에 만나면서도 진정한 사랑을 찾아 헤매는 공허함이 느껴지는 그의 이야기를 들었을 때 나는 다음 이야기를 해주었다.

릴레이 연애와 환승 연애를 만들어내는 사랑
:

사람들은 결혼은 필요 없다고 하면서 썸은 타고 싶어 하고 사랑하는 감정을 느끼는 것에 기쁨을 느낀다. 이 사람과 사랑하고 연애를 하다가도 어떤 일 때문에 헤어지게 되면 마치 기다렸다는 듯이 다른 사람과 바로 연애를 하는 환승 연애나 동시에 여러 사람을 만나면서 한 사람과 타이밍이 맞지 않으면 다른 한 사람을 스페어타이어처럼 준비해두었다가 시간이 날 때나 자기가 필요할 때 만나는, 마치 릴레이 달리기 같은 연애를 하는 사람들이 있다.

그런데 이런 이들의 특징은 이렇게 여러 사람을 다채롭게 만나면서도 정작 자신은 공허함을 느낀다는 점이다. '풍요 속의 빈곤'이라고 해야 할까? 여러 사람을 자기 기분 내키는 대로 만나면 풍요롭고 만족스러워야 하는데 결코 그런 감정과는 동떨어진 상태를 보이는 것이다.

이런 상황에 놓인 이들과 이야기를 나누다 보면 이들이 이러는 이유는 다양하다. 혼자만의 시간을 견디기가 어려워서, 더러는 상대의 사랑을 믿기가 어려워 자신에게 헌신하는 사랑을 찾아 헤매는 것이라고 했다. 또 어떤 이는 사랑이라는 감정은 처음에는 좋지만 이후에는 식기 마련인데, 그 감정이 식어가는 느낌을 받는 것이 괴롭다고 고백하는 이도 있었다. 어떤 사람은 헤어지고 나서 자신이 무너지는 경험을 했고 그런 경험을 이겨내기 위해 대타처럼 다른 사람을 준비해놓는다고 한다. 또 이성에게 과도하게 집착하는 편이라서 연락이 안 되면 불안해서 하루 종일 연락을 기다리는데, 그런 자신이 싫어서 여러 사람을 한 번에 만나며 사랑받는 느낌을 충족시킨다는 이도 있었다.

이러한 감정을 느끼는 원인은 다양하다. 누군가는 함께 사랑하다가 상대가 떠나버린 경험으로 인해 상처받았을 것이고 누군가는 어릴 적 부모님의 이혼에 상실감을 느꼈을 것이다. 누군가는 바람핀 부모님을 보면서 사랑에 대한 배신을 경험했을 것이고, 누군가는 사랑의 감정은 변한다는 것을 알고 미리부터 그런 감정을 느끼는 것을 배제했을 것이다. 누군가는 완벽해지고 싶은 자신의 모습이 채워지지 않아서 그걸 사람을 통해 채우고 싶어 했기 때문일 수도 있다.

사랑은 아름다운 것이라는 걸 경험으로 느끼기도 전에 그에 반대되는 상황에 지속적으로 노출되다 보면 자신의 생각과 행동을 변화시키는 계기가 되기도 한다. 그것은 두려움을 만들어내고 진정한 사랑을 할 기회를 놓치게 한다. 사랑하는 감정을 느끼지 못하는 마음의 오류를 만들어낸다.

스스로 두려움을 이겨내는 순간 찾아오는 사랑

릴레이 연애나 환승 연애가 '상도덕'에 어긋난다고 말하자는 것은 아니다. 일어날 수 있는 일이라고 생각한다. 하지만 자신의 마음도 모른 채 그런 사랑과 연애를 지속하게 되고 지치게 된다면 자신을 점검해볼 필요가 있다. 이때는 본인이 가진 두려움이 무엇인지 알기 위해 그 두려움의 얼굴을 똑바로 마주해야 한다.

혼자 있는 것이 두려운지, 혼자 남는 것이 두려운 것인지, 상처받는 것이 두려운지, 사랑에 집착하게 되는 것이 두려운지, 계속 사랑받는 느낌을 잃는 것이 두려운지, 버림받을까 두려운지, 나는 사랑하는데 그 사람은 나만큼 사랑하지 않을까 봐 두려운지 아니면 아예 사랑이라는 것을 모르는 자기 자신이 두려운지 말이다. 나는 이런 고민에 빠진 이들에게 올바르게 사랑하고 안정적인 마음을 갖는 방법을 권유한다.

언제 마음이 공허하고 힘든지 생각해보자

예를 들어 사랑하는 사람을 만나기로 했는데 그 사람을 못 만나게 되었을 때 느끼는 공허함 등의 상황을 미리 짐작해보는 것이다. '이런 상황에서는 내가 공허함을 느끼는구나' 하고 자신의 감정 상태의 원인을 알면 미리 대처하기가 쉽다.

공허함을 채워줄 묘안은 '사람'이 아닌 '방법'

예를 들어 이 사람을 만나다가 어떤 마음이 채워지지 않으면 다른 사람을 만나지 말고 다른 방법을 찾는 것이 좋다. 공허할 때 커피숍에 가서 맛있는 커피를 한잔하거나 경치가 좋은 장소에 가서 걸어보는 것 등을 택하자. 사람이 꼭 사람으로 치유되지는 않는다.

내가 사랑하는 사람에 대해 생각해보자

내가 이 사람을 온전하게 사랑하기 위한 방법을 구체적으로 고민해보는 것이다. 예를 들어 상대방이 바쁠 때 나는 어떻게 해야 할지, 내가 바쁠 때 상대방에게 어떻게 표현해야 할지 말이다.

해야 할 행동과 하지 말아야 할 행동을 정하자

사랑한다면 나는 이 사람에게 이렇게 행동하겠다, 이런 행동은 하지 않겠다는 생각을 해보는 것이다. 예를 들어 오해가 생겼을 때는 이렇게 말하겠다거나 상처 주는 말이나 행동은 하지 않겠다, 서로 싸웠을 때는 '그날 화를 풀고 잠자리에 들자' 정도로 행동의 기준을 정하면 상대에게 상처 주는 일도, 상처를 과도하게 받는 일도 피할 수 있다.

이 몇 가지 원칙만 잘 지켜도 건강한 연애는 덤으로 딸려올 수 있다. 이렇게 하고서도 마음이 채워지지 않고 상실감이 들거나 공허하다면 그러한 연애는 정리하자. 부디 내 마음의 오류를 고치고 온전한 사랑을 시작하기를 권한다.

피해의식의
피해자들

나도 이러는 내가 정말 싫어

:

손원평 작가의 장편소설 《아몬드》(창비, 2017)를 보면 주인
공의 할머니와 엄마가 주인공이 보는 앞에서 죽는 이야기가
나온다. 할머니와 엄마를 죽음으로 몰고 간 남자는 사회에
대한 불만이 가득한 사람이었다. 일을 해도 제대로 안 되고
자신이 점점 고립되는 이 상황이 모두 사회의 문제 탓이라 생
각해서 분노가 자꾸만 차올라 참지 못하고 남에게 폭력을 휘
두르고 불만을 터트리는 것이다.

"내가 이렇게 된 건 다 세상 때문이야!"

세상을 향한 분노를 자신과 상관없는 사람들에게 상처의

날로 휘두르는 그 장면을 읽을 때, 마치 내가 그 주인공이 된 듯 마음을 추스르기 힘들었다. 이와 비슷한 안타까운 사건들은 뉴스에서도 간혹 나온다. 자신이 이렇게 된 것은 여자친구 때문이다, 자신이 이렇게 된 것은 부모 때문이다, 자신이 이렇게 된 것은…… 도대체 누구의 탓인가. 이러한 일들이 벌어진 것은 다 누구의 탓이기만 한 것인가. 누군가를 향해 분노를 쏟아부어야지만 지금의 행동이 정당화되는 것인가.

여기 남편을 의심하는 아내가 있다. 아내는 본인의 아빠가 어릴 적 바람을 피웠기 때문에 내 남편도 언젠가는 바람을 피울 거라고 생각한다. 퇴근한 남편이 잠이 들면 남편의 핸드폰을 열어서 통화 내역과 SNS를 확인하며 의심하기 시작하고, 그 의심은 상상이 되고 그 상상이 현실이 된 것마냥 자고 있는 남편을 미워하게 되기도 한다. 급기야 다음 날 남편에게 "이 여자 누구야, 이 여자랑 무슨 관계야?"라고 추궁하면 남편은 대체 무슨 뚱딴지 같은 소리를 하냐며 아내의 의심에 어이없어한다.

"당연히 아무 사이도 아니지. 당신 도대체 왜 이래?"

의심이 상상이 되고 상상이 현실이 되었다가 다시 한 장의 소설처럼 일어나지 않는 일이 되었을 때, 하소연하듯이 아내는 남편에게 말한다.

"어릴 적에 우리 아빠가 바람피웠잖아. 나도 이러는 거 싫어. 나도 괴로워. 내가 이렇게 된 건 다 그 일 때문이야."

아내는 하소연하듯 남편에게 이야기하고 남편은 그런 아내를 안타깝게 바라본다. 처음 한두 번은 남편도 이해하고 넘어가지만 해결되지 않고 반복되는 패턴에 남편은 '대체 나더러 어쩌라고?' 하는 심정이 되어버리고, 부부 사이에 점점 갈등의 불씨가 자란다. 상상 속에서 일어날지도 모른다고 생각하는 일 때문에 남편을 괴롭히는 아내는 어떻게 하다가 이 지경까지 오게 되었을까?

피해가기 좋은 '피해자의 길'
:

좋은 부모란 어떤 부모인가? 경제적으로 안정적이어서 아이가 원하는 것을 뒷받침해줄 수 있는 부모. 신체적, 정서적으로도 안정적이어서 아이가 건강하게 자랄 수 있도록 지원을 해주는 부모. 어떠한 돌발적인 상황에서도 평정심을 잃지 않고 아이가 불안해하지 않도록 모든 정성을 다하는 부모. 그런 부모는 좋은 부모라기보다는 인간이 생각할 수 있는 최선의 상태를 완전히 갖춘 상태, 즉 이상적인 부모의 모습이다.

하지만 현실은 어떠한가. 부모도 인간이기에 부족한 모습이 있고, 부모 그 자체도 완벽한 양육 환경 속에서 자라난 것이 아니기 때문에 이상적인 부모의 역할을 완벽히 해낼 수 없다. 그러한 순간에 부모들은 선택하게 된다. 어떤 이는 "내 부모가 나를 이렇게 대했더라도 나는 그런 부모가 되지 않겠어"라고 결심하는 반면 어떤 이는 "당신이 나를 이렇게 키워서 내가 이렇게 된 거야"라고 부모의 그늘로 피해버린다.

당신이 이 선택의 주인공이라면, 어떤 선택을 하겠는가? 이와 비슷한 많은 선택을 하며 우리는 살고 있다. 전자를 선택하면 그렇게 되지 않기 위해서 많은 노력을 해야 한다. 화가 났을 때 마음을 다스리는 법, 나태해지고 싶을 때 자신을 일으켜 세우는 법 등 좀 더 나은 삶을 위해 노력할 수 있는 여러 가지 방법에 대해 고민하고 실천하고 넘어지면 다시 또 일어서야 한다. 하지만 후자를 선택하면 그런 노력을 하지 않아도 된다. 그런 상황이 와서 마음이 힘들어질 때마다 "이 모든 것은 당신 때문이야"라는 말 한마디만 하면 되기 때문이다. 모든 일의 원인은 당신이나 그 일이며, 나는 오롯이 피해자로만 남으면 되는 것이니까 말이다.

피해의식은 기억을 왜곡하고 빼앗는다
:

일하다 보면 나는 잘했는데 상대방의 잘못으로 일이 틀어지는 경우가 있다. 그런데 만약 그게 실수가 아니라 의도된 행동이라면 더 화가 나고 속이 부어오른다. 그리고 내가 제대로 했는데도 의도치 않은 일이 생겨 실패할 경우, 열심히 삶을 살았는데도 가지고 있는 것이 부족하여 내 힘만으로는 도저히 어떻게 할 수가 없는 경우, 그때 바로 사람들은 절망이라는 감정을 느낀다. 이 순간 가장 위험한 생각이 바로 피해자라는 인식이다.

'내 성격이 이렇게 무뚝뚝한 것은 그런 부모 밑에서 자랐기 때문이야', '내가 이렇게 속에 화가 많은 것은 분노할 일들을 네가 많이 만들어서 그래'라는 생각에서부터 실패한 일, 실패한 연애 등 실패한 인생인 것 같은 느낌이 들 때 우리는 원인을 찾게 된다. 그 일이 너무 어려워서, 그 일을 맡은 누가 안 도와줘서, 아무것도 모르는 나에게 이렇게 중요한 일을 맡겨서, 그 사람이 이상해서, 내 부모가 나를 이렇게 키워서 등 이런 일들은 참 수없이 많다.

여기서 중요한 것은 그 일이 현재 일어나고 있는지 아니면 이미 일어난 일인지 생각하는 것이다. 주위에 자신의 삶을 건강하게 살지 못하는 사람들을 보면 대부분 과거에 일어났던 사건을 각인시키는 경우가 많다. '내가 지금도 이렇게 사는 것은 다 그 사람(일) 때문이야'라는 생각은 때로는 기억을 조작하고 왜곡한다. 심한 경우, 무심코 치고 지나간 사람을 나를 일부러 해코지하려 한 사람으로 둔갑시키기도 한다. 모든 행동의 원인은 다 '무엇' 때문이며, 나는 항상 '당했다'라는 생각 때문이다.

자신의 마음이 우울하고 감정이 파도처럼 울렁거리는 것을 모두 다 외부의 요인으로 돌릴 게 될 때는 그것이 '팩트'이기 때문이 아니라 내 뇌가, 내 생각과 기억이 그 외부의 요인을 선택했기 때문임을 깨달아야 한다. 그리고 올바른 선택과 사실에 근거한 기억을 떠올리려 노력해야 한다.

다른 사람의 인생에 주인공이 되지 말자
:

폭력적이거나 경제력이 없거나 외도하거나 방임하거나 또 다른 여러 가지 안 좋은 모든 조건을 갖춘 한 부모 밑에서 아이들이 자랐다고 생각해보자. 그 아이들은 남들이 적당히 기준을 세울 수 있는 몸과 마음이 건강한 아이들로 자랄 수 있을까? 반대로 질문하면 모든 삐뚤어진 아이들의 부모들은 위에서 열거한 부모의 조건 중 하나는 꼭 갖춘 부모일까?

"어머나, 부모는 진짜 훌륭한데, 애는 왜 저래?"라고 말하는 일도 종종 일어나는 것을 보면 좋은 부모라고 지칭되는 부모 밑에서 자란 아이들이 어른이 되어 꼭 좋은 사람으로 자라게 된다는 보장은 없는 것 같다. 마찬가지로 인생이 엉망진 창인 것처럼 보이는 부모 밑에서 자란 아이들이 꼭 그런 부 모처럼 자라라는 법도 없다. 왜냐하면 인간의 삶이란 그렇게 단순하게 '1 + 1 = 2'로 나타나지 않기 때문이다. 같은 부모 밑에서 자란 형제자매가 각자 다른 모습으로 성장하는 경우 가 이를 반증한다.

인간은 결국 자신의 의지와 결심, 선택으로 살아가는 존 재다. 아이일 때는 좋은 것이든 안 좋은 것이든 생각과 행동 에 외부 요인의 영향을 크게 받을 수 있지만, 어른이 되어 자 아가 단단해진 후로는 스스로 판단하고 결정하게 된다. 자기 삶을 자신이 통제하는 순간, 인생의 길을 선택해서 가게 되 는 것이다. 스스로 삶을 통제하게 되면 그때는 외부의 압박 도 자신이 선택하고 이겨나갈 수 있으며 반대로 스스로 통제 하지 못하면 외부의 압박에 흔들리며 무너질 수도 있다는 것 이다.

만약 과거의 기억과 상처로 지금의 삶이 흔들리고 무너지 고 있다면 그리고 그 원인이 나 자신이 아니라 다른 사람들, 즉 부모나 형제, 친구이거나 선생님 혹은 또 다른 '누군가' 때 문이라면 이제 그 기억과 상처들을 내려놓길 바란다. 잠시 자 신의 삶을 일시정지하고 시나리오를 다시 써야 할 때다.

다른 사람 인생에 내가 주인공이 될 필요도 없으며 내 인생에 다른 사람을 주인공으로 둘 필요도 없다. 어차피 인생의 모든 선택의 순간들은 외부의 압력이 있더라도 결론적으로 자신이 선택하기 때문이다. 자신이 선택한 결정에 주인공이 되어야 한다. 피해자로 도망가지 말자. '이 삶의 주인은 누구인가?'를 몇 번씩 되새기며 다시 일어서길 바란다.

나쁜 기억에 '특별함'을 부여하지 말자
:

우리의 뇌는 좋고 행복한 기억보다 불행하고 힘들었던 기억을 훨씬 오랫동안 간직한다고 한다. 그러한 나쁜 기억이 머릿속에 오래 남는 이유는 생존 가능성을 높이기 위한 전략이며 공포 학습이라고 할 수 있다. 오래 저장해두었다가 다시 그런 일을 당하지 않기 위해서다. 뇌의 기억 공장으로 불리는 해마(hippocampus: 학습과 기억을 담당하는 기관)는 공포와 같은 강한 감정에 관여한다.

일반적으로 사람은 뱀, 독버섯 등에 대해 공포라는 기억을 해두는데 그 이유는 위험을 당하지 않기 위해서다. 어떤 기억이 나쁜 기억으로 저장되었다면 그리고 그 기억 때문에 다른 사람을 원망하고 내 감정에 빠져 헤어 나올 수 없다면 그 기억을 단순히 불편한 일이라거나 내가 다시 당하지 말아야 할 일 정도라고 생각하는 것이 필요하다.

과거는 원망해도 달라지는 것이 없다. 도망갈 길도, 달아날 곳도 없다. 이런 피해의식의 가장 안 좋은 점은 나 자신을 가장 큰 피해자로 만든다는 것이다. 피해의식으로 피해자가 되지 말자. 과거의 악몽이나 기억이 나를 괴롭힌다면 한 발짝 떨어져서 '그래, 그땐 그랬지'라고 그 사실을 인정하고 '잘 견뎌주어 고맙다' 라고 스스로 인정한 후 '이젠 그때와 달라졌으니 나는 괜찮아' 하고 넘기자.

과거의 기억을 '특별한 것'으로 취급하지 않고 별것 아닌 것, 지나간 일로 넘기는 것에서부터 시작하자. 인생의 하이라이트는 항상 당신을 따라다닌다. 나쁜 기억을 당신 인생의 하이라이트로 남겨놓지 말자. 하이라이트는 좋은 기억으로 남겨 당신을 비추도록 하자. 당신의 인생이라는 무대 속 주인공은 바로 당신이다.

내 마음을 철학관에서 찾는 사람들

새해가 되면 꼭 하는 점보는 일

:

"선배, 저 요즘 되는 일이 없어요. 아무래도 물어보러 한 번 다녀와야겠어요."

"응? 어딜?"

"점집요. 점집."

"점집? 철학관, 그런 곳?"

"네. 속이 답답하고 이걸 해야 할지 말아야 할지 정말 정답을 모르겠어요."

새해가 밝았다. '올해에는 어떤 재미있는 일을 해볼까'라는 생각이 들 때, 문득 생각나는 후배가 있어 연락했었다. 그리고 저 이야기를 듣자 어떤 영화의 한 장면이 떠올랐다. 교회를 열심히 다니는 성도가 형사인 남편이 걱정되어 부적을 남편 옷에 붙여놓는 장면이다. 나는 그 장면에서 웃음이 팍 나왔었다. 실제로 가까운 사람 중에 이렇게 철학관, 점집을 다니면서 운세도 보고 운명도 점치는 사람들이 종종 있다. 딸이 자주 집을 나가고 자꾸 속을 들끓게 만들어서 너무 답답해서 점집을 찾아갔다는 어느 엄마의 이야기를 들으며, 나는 이렇게 물었다.

"가서 뭐 물어보셨어요?"

"우리 딸이 언제 정신 차리려나 물어봤어."

"그랬더니 뭐래요?"

"내년 봄 되면 나아질 거래. 음력 1월이라고 했지."

그러고 나서 시간이 흘러 그 음력 1월이 지나고 나서 그분을 우연히 만나게 되었는데, 문득 그 따님 이야기가 생각나서 이렇게 물어봤다.

"요즘 따님 어떠세요?"

"아이고, 속상해 죽겠어. 내가 걔 때문에 못살아. 음력 1월이 지났는데 도대체 정신을 못 차려 고것이……. 아휴 안 되겠다. 다시 가서 물어봐야지."

그러고는 다시 철학관으로 가는 그분의 뒷모습이 생각난다. 그분이 찾아간 그 철학관은 이번에는 혹시 다음 해 음력

1월이 되면 정신을 차릴 거라고 말하는 게 아닐까 싶은 마음이 들어 괜스레 혼자 궁금해했던 기억이 난다. 사람들은 왜 철학관이나 점집에 가서 운세를 보고 운명을 점치거나 하는 것일까?

식권을 끊듯이 주기적으로 가는 사람들
:

KBS 예능 〈무엇이든 물어보살〉은 선녀보살 서장훈과 동자 이수근이 꽉 막힌 속을 확 풀어주는 해결책을 제시하는 기획 의도로 만들어졌다. 마음속 고민으로 답답할 때 시원하게 답을 알려주는 방식으로 진행된다.

프로그램을 보다 보면 듣지도 보지도 못했던 여러 사연이 나오고, 가슴 아프고 안타까운 일들 또 때로는 분노하게 하는 사연들도 나온다. 그런데 그 고민들을 정말 그 두 사람이 해결해주는 것일까? 명쾌하게 정확한 솔루션을 말해주면 좋겠지만, 실제로는 그렇지 않다. 직접적으로 해결해주는 것은 아니다.

그렇다면 신내림을 받은 사람이라면 해결해줄 수 있을까? 어떤 사람은 이사 가기 전에 손 없는 날(해코지하는 악귀가 돌아다니지 않는 날)을 알아보러 간다. 어떤 사람은 자녀가 고3인데 이번에 대학을 갈지 아니면 재수를 할지 알아보러 간다. 또 어떤 사람은 결혼을 앞두고 이 사람과 결혼을 해도 될지 아니면 진정한 배우자는 언제 만날 수 있는지 물어보러 간다. 그리고 돌아오는 답을 기억하고 실행하고 기다린다. 그런데 아이러니한 것은 그 말대로, 그 일정대로 뭔가가 되길 기다렸건만 들었던 이야기대로 진행이 안 될 때는 왜 그렇게 안 되었는지 또 물어보러 간다. 어떤 일이 생길 때마다, 어떤 상황을 마주할 때마다 결정해야 하는 상황에 결정을 내지 못하고 다른 누군가에게 결정을 듣고자 발걸음을 옮긴다. 마치 끊어놓은 식권으로 식사를 하듯이 말이다.

표현의 적절성을 떠나 조금 더 쉽게 말하자면, 좋은 분을 만나서 상담하듯이 이야기를 나누고 오는 것이 아니라 고민되거나 궁금한 것들을 물어보고 답을 듣고 추종하듯 맹신하게 되면 사소한 문제가 생긴다는 것을 이야기하고 싶다. 예를 들면 "타고난 사주가 아주 좋은데 이게 너무 안 좋아" 이런 이야기를 들었다고 생각해보자. 그 말을 듣고 돌아오는 길에 어떤 생각이 들겠는가? 답답한 속이 시원하고 편안했으면 하는 생각에 물어물어 간 용하다는 그곳에서 이런 말을 들었다면 그 문을 닫고 나오는 순간부터 내내 마음이 불편할 것이다. 그 말을 들으려고 그곳에 간 것은 아닐 테니 말이다.

우리가 불안한 것은 미래를, 정답을 알 수가 없어서다. 그래서 확답을 받고 싶은 것이다. 고민되는 문제들, 결정할 수 없는 문제들을 누가 딱 하고 답을 내려주는 것에 위안을 받기도 하는 것이다.

쏟아 내는 것으로 만족하자
:

고민이 있어서 친구한테 말했는데, 어느 날 그 이야기가 나에게 오히려 화살이 되어 돌아온 경험이 있다. 그 친구에게 섭섭하고 속상한 마음이 들었던 기억이 난다. 나에게는 고민되고 슬픈 일인데 어찌할 바를 몰라서 친한 친구에게 털어놓은 거였는데 말이다. 하지만 내 입장에서는 감정을 쏟아 낸 것이며 듣는 친구의 입장에서는 받아들일 준비가 없는, 즉 방어막 자체가 없는 상태에서 훅 치고 들어간 일방적인 이야기일 수 있다. 그런데도 왜 스펀지처럼 폭 받아주지 않는지 섭섭한 마음이 드는 걸 보면 '내가 참 이기적인 인간이구나' 하고 느끼게 된다. 이렇게 느끼게 되는 것도, 시간이 지나야 한다는 것이 그 친구에게 참 미안한 일이다.

사람들은 각자 생각의 깊이도 다르고 고민의 고랑도 다르다. 슬픈 일의 경험치도 다르며 그것을 받아들이는 맷집도 다르다. 그렇기 때문에 주고받는 깊이 있는 대화가 잘 통하기란 참 어려운 일이다. 누군가 '내 마음을 잘 알아준다면', '내 마음을 위로해준다면', '내 이야기를 들어준다면' 하는 생각이 들 때 어떤 이는 기도를 하고, 어떤 이는 철학관을 가고, 어떤 이는 정신과에 간다. 털어놓기 힘든 이야기, 누구에게도 말할 수 없는 고민 또는 누구에게 말하면 웃을 거 같은 고민이라도 이야기하고 의논하고 싶을 때가 있다. 그럴 때 사람은 어딘가에 가서 이야기하고 싶어지는 것이다.

아침 출근길에 택시를 타고 말이 서로 잘 통하는 기사님과 한참 이야기를 하고 택시를 내릴 때 발걸음이 가벼운 것처럼 나를 모르는 사람과 어떤 이야기를 솔직하게 나누는 일은 어떻게 보면 대화를 통해 마음의 위로를 받는 것이다.

하지만 결정은 나 스스로 해야 한다
:

좋은 결과를 가져다주는 정답이 있는 거라면 무조건 그렇게 하라고 하겠다. 나도 누군가가 나에게 "좋은 날에 이사하세요", "좋은 날에 시험 보세요", "이 사람은 정말 좋은 사람입니다", "이 직장에서 일하면 좋은 일들 많이 생길 겁니다" 하고 말해주면 좋겠다. 어디든 가서 물어보고 어디든 가서 답을 얻고 싶다. 하지만 정답이 없다는 것을 우리는 알고 있다.

당연한 일이고, 당연하게 알고 있는 일이지만 남이 말해주면 더 확신할 수 있을 거 같다는 생각이 든다. 이러한 생각은 본인이 선택할 부분을 남에게도 듣고 확신하고 싶어서 드는 마음이다. 물어보고 싶어서 가는 것일지라도 알고 보면 듣고 싶은 말이 있어 가는 것인지도 모른다. 우리는 기억해야 한다. 내가 알고 있는 것을 확인받고 싶은 것인지 내가 모르는 것을 알고 싶은 것인지 말이다. 우리가 가장 불안하고 취약한 순간은 내가 모르는 것에 관해 내리는 결론이다. 내가 정말 궁금하고 알고 싶고 필요한 것인데 정작 아무런 것도 모른다면, 그때 무언가를 선택해야 한다면 그 결정을 어딘가로 미루는 것이다. 하지만 결정은 스스로 해야 한다.

고민되고 힘든 일이 있다면 이야기를 하고 위로를 받는 정도로만 의지하는 것이 필요하다. 위로 뒤에 어떤 행동을 해야 한다면, 결정해야 한다면 스스로 하자. 갈팡질팡 앞길이 보이지 않는다면 여러 선택지를 풀어놓을 상대 정도로 생각하자. 남이 아닌 내 편에서 함께 울어줄 사람이 없다면 마음을 쏟아낼 위로의 상대로 생각하자. 그리고 나 스스로 '내가 무언가 좋은 말을 듣고 싶어서 그런가 보다' 하고 내 마음을 알아주자. 등대 같은 사람이 필요할 때, 나를 비춰주는 그 불빛이 그리울 때, 그럴 때 '내가 지금 위로가 필요한가 보다' 하고 내 마음을 안아주자.

3장

저 사람은
왜 저럴까?
마음을 읽는 방법

냉정함에 숨은
화와 분노를 알아차리자

'잠자코'가 가장 위험하다

:

'오늘 하루 종일 되는 일이 없어' 머피의 법칙이 계속되는 날, '도대체 오늘은 왜 이런 거야!' 하는 불운의 연속인 날. 빗길에 차가 휙 하고 지나가다가 다른 사람은 다 괜찮은데 딱 내 옷에만 물을 끼얹거나, 선착순 100명에게 준다는 오픈 기념 선물이 내 앞에서 끊기거나, 분명히 내가 먼저 주문했는데 나보다 늦게 온 테이블 손님에게 음식이 먼저 나오거나 하는 그런 날. '그런 날'에 대처하는 방법들은 사람마다 참 다양하다.

음식을 예를 들어보자면 내가 더 일찍 주문한 상황이고,

내가 주문한 음식과 같은 메뉴를 주문한 옆 테이블의 음식이 먼저 나왔다고 생각해보자. 어떤 사람은 바로 화를 내고, 어떤 사람은 조용히 직원을 불러 조곤조곤 따져 묻고, 어떤 사람은 내 음식이 도대체 언제 나오는지만 생각하며 잠자코 기다린다. 이 셋 중에서 상대방이 대처하기 가장 힘든 사람은 누구일까?

첫 번째와 두 번째 사람은 사건에 대해서 즉각적으로 반응하는 스타일로 자신이 기분 나쁘다는 것을 상대방에게 또는 주위 사람에게 바로 표출하는 '감정 대응형'이다. 이런 사람들에게는 즉각적인 대처를 해주면 된다. 하지만 가장 대처하기 힘든 스타일은 도대체 언제 나오지 생각하면서 잠자코 기다리는 사람인데, '잠자코 기다리는 사람이면 괜찮은 거 아닌가?'라고 생각할 수도 있지만 여기서 중요한 부분은 '도대체 언제 나오는지만 생각하며 잠자코' 이 부분이다. 이런 유형은 그 과정에서 자신의 감정을 꾹꾹 눌러가며 참아내는 것인데, 그런 참는 모습을 보고 안심하게 되어 별도로 케어를 안 해주고 내버려뒀다가는 뒷감당이 안 되는 경우가 생길 수 있다.

사람을 만나다 보면, '차라리 화를 내지'라고 생각하게 만드는 사람이 있다. 아무 일 없듯이 '나는 절대로 감정적으로 흔들리지 않아' 하며 자신의 감정을 감추어 포장하는 사람들은 갑자기 치밀어 오르는 분노에 휩싸여 자기 자신도 어찌할 바를 모르는 경우가 생기기도 한다.

냉정함은 때로는 어른스러움으로 포장된다
:

감정이라는 것을 잘 사용하는 사람처럼 보이는 일명 '어른스러운' 사람들은 갑자기 일어나는 사건들에 대해서도 원인과 결과를 객관적으로 판단하고 주위에 조언하거나 그 상황에 대해서 감정을 제어하며 설명하는 경우가 많다. 그런 모습을 보는 감정적인 사람들, 일명 '아이 같은' 사람들은 그런 감정으로 인하여 손해를 보는 듯한 상황도 겪게 되며, '내가 아까 왜 그렇게 흥분했을까? 흥분하면 지는 건데'라며 밤에 잠들기 전 이불킥을 날리기도 한다. 그런 아이 같은 사람들은 '어른스러운' 사람들의 객관적인 모습, 즉 감정에 휩쓸리지 않고 차분하게 대처하는 모습을 동경하기까지 한다.

건강하게 감정을 표현하는 것을 어른스럽다고 한다면 그건 살아가는 데 꼭 필요한 성장 과정이며 이루어야 할 과업일 수도 있다. 하지만 감정을 배제하고 통제하는 냉정한 사람들을 만나다 보면 그런 성향의 사람들이 모든 상황에서 항상 그러한 행동 유형을 보이는 것은 아니라는 것을 알게 되는 일이 생긴다.

위기의 상황에서는 본성이 드러나듯, 몰리고 몰리다 보면 어른스러움으로 포장된 냉정함은 통제되지 않은 감정으로 폭발하는 경우가 있다. '평소에는 그렇지 않았는데 오늘은 왜 그래?'라고 상대방이 놀랄 정도로 표출되는 감정은 주로 분노와 슬픔으로 나누어진다. 분노는 문제의 원인을 나에게서 찾지 않고 상대방에게서 원인을 찾아내어 속마음을 밖으로 내뱉은 스타일이며, 슬픔은 상대가 아닌 나를 책망하며 내 안으로 파고드는 스타일이다.

우리가 왜 자부심을 가져야 합니까?

:

강의를 한 지 10년 정도 되었을 때 일이다. 매번 하는 강의지만, 특히 만나는 교육 대상이 내가 동경하는 사람들이면 강의가 더 설레고 기다려진다. 그날도 그랬다. 그날 한 강의는 '멘토링 강사 양성'으로 일명 부서의 형님(선배)들을 위한 강의였는데, 강의 내용은 형님들이 자부심을 가지고 그 노하우를 후배들에게 잘 알려주는 방법이었다.

사전 준비를 위해 교육 대상자분들이 일하는 곳에 가서 주야간 근무까지 함께 해보고, 현장의 다양한 사례와 인터뷰 내용으로 무장한 나는 기대감을 품고 강의장으로 들어섰다. 그런데 내 눈앞에 앉아 있는 60명의 형님이 팔짱을 끼거나, 무표정하게 나를 쳐다봤다. 전체적으로 분위기도 냉랭하고 긴장감이 돌아 나 또한 긴장되는 찰나였다. 그런 분위기에 압도되어 주눅 든 채로 딱딱하게 내용을 풀어가면 잘 풀릴 강의도 풀리지 않는다. 그렇다고 해서 기분 풀어주려고 나를 넙죽 낮추어 어설프게 웃기려 하다가는 더 난감한 상황이 벌어질 수도 있다. 이럴 때는 담담하게 하는 게 최선이라 높낮이 없이 이야기를 풀어갔다. 시간이 갈수록 웃으며 필기도 하고 질문도 하는 형님들 덕분에 냉랭한 분위기가 조금씩 풀어지고 있었다. 기분이 좋아진 나는 좀 더 자신감 있게 이렇게 말하였다.

"형님들, 자부심을 가지세요."

이때 이 말이 끝나자마자 교육생 한 분이 갑자기 일어났다.

"강사님, 우리가 왜 자부심을 가져야 합니까? 그 자부심을 우리한테 주입하라고 위에서 시키던가요?"

그 순간 잘 풀리려던 분위기가 다시 얼어붙었다. 개인적으로 좋아하는 직업군이라서, 정말 존경하는 마음으로 자부심을 가졌으면 좋겠다고 말했던 나로서는 날벼락이 아닐 수 없었다. 이분의 마음을 어떻게 읽어야 할까. 감정 없이 차가운 이 말은 '어른스러움으로 포장된 냉정함일까 아니면 그 이면의 다른 어떤 감정일까?', '나에 대한 반격일까 아니면 그 이면의 다른 누군가에 대한 반격일까?'라는 생각을 순간적으로 한 나는 냉정함이 아닌 그 안의 누군가에 대한 분노를 보았다. 그분의 발언으로 인해 주위 모든 분이 우리의 대치되는 상황을 지켜보고 있는 터라 나는 잘 대처해야 했고 그분의 마음을 잘 읽어야 했다.

사람의 마음을 읽는 4단계

:

상대의 마음을 읽는 데에는 다음의 4단계로 충분하다. 나역시 그분의 마음을 4단계로 읽으며 질문에 답했다.

1단계, 상황을 솔직하게 말하기

"네 선생님, 저는 사실 선생님들의 일에 대해서 이틀 정도 경험해봤습니다. 그 이틀도 제 선택에 의한 것이었습니다. 그냥 좀 더 알고 싶어서요."

2단계, 상대방의 말 인정하기

"그 이틀은 저에게 큰 경험이었으나 선생님들에게는 고작 이틀일 수도 있습니다. 누구나 경험에 대해서 생각하는 깊이는 다르니까요."

3단계, 상대방의 마음 읽기

"여기 이 자리에 앉아 있는 분 중에 어떤 분들은 자부심이 있고, 어떤 분은 자부심이 없을 수도 있습니다. 우리가 자부심을 가질 수 없도록 만든 윗분들에게 조금 화가 날 수도 있습니다. 그럭저럭 참고 살고 있는데 오늘 탁! 그 참은 마음이 훅 하고 올라왔을 수도 있고, 아직도 불편할 수 있습니다."

4단계, 마음 읽기 플러스

"하지만 지금까지 열심히 근무해온 선생님들의 지난 시간들을 부정하지는 말았으면 합니다. 위에서 많이 알아주지 않는다고 해서 내 일 자체가 가치가 없어지는 것은 아니니까요. 그리고 우리가 지켜온 그 가치를 보고 여기에 들어온 후배들도 있으니까요."

내가 이렇게 말하자 강의장은 조용해졌다. 나는 다시 강의를 이어 나갔고, 필기하며 열심히 듣는 사람들이 조금씩 늘어날 때쯤 쉬는 시간이 되었다. 그분이 나에게 와서 명함을 건네며 이렇게 말했다. 자신은 본사에 있다가 좌천되어 이쪽으로 발령을 받았고 이건 좌천되기 전의 명함이라고 하며 그때는 누구보다 자부심이 있었는데 좌천되면서 스스로 너무 힘들었다고 한다. 도와주지 않은 동료가, 자신을 버린 것 같은 윗분들이 미웠다고 한다. 뭐라고 해도 꾹 참고 일하는데 '자부심을 가져라'라는 말에 폭발했다고 한다. 냉정함으로 포장된 분노가 위기의 순간에 표출되고 만 것이다. 아까는 미안했고 또 지금은 고맙다며, 자신이 근무하는 곳에서 도움이 필요하면 언제든지 말하라고 했다.

건강한 냉정함이란 없다

:

가면처럼 보이는 냉정함이란 학습되고 만들어지는 경우가 대부분이다. 어떤 사건 앞에서 '냉정함을 잃지 말자'라며 마음에 되새기는 경우도 있지 않은가. 충분히 자신의 감정을 드러내고 생각을 이야기할 수도 있는 상황임에도 침묵하고 차가운 시선으로 바라본다면 그 냉정함에 숨은 분노를 알아차려야 한다. 그러한 냉정함에 대응하듯 똑같이 차가운 감정으로 대처하며 무시하거나 또는 반대로 회복하려고 편안함을 강요하거나 하지 말자. 다만 냉정함이 때로는 엉뚱하게 다른 감정으로 튀어나올 수 있다는 생각만 미리 해두자. 그런 냉정함이 무게를 견디지 못하고 나락으로 떨어질 때 나오는 분노라는 것에 '오늘 이 인간이 뭘 잘못 먹었나' 하는 마음으로 분노를 받아치는 일이 없도록 말이다.

죄책감이 가리키는 것은
그저 미안한 마음

모든 게 다 내 잘못이야

여덟 살 아들과 생활하다 보면 말로 의사소통을 하는 경우도 있지만 행동으로 표현하는 경우도 많이 생긴다. 예를 들어 책을 읽으라고 하면 읽지 못하는 이유에 대해 말로 설명하기보다는 후다닥 안방으로 도망가는 행동을 하는 경우가 그에 해당한다. 그날도 그런 날이었다. 나는 아들을 따라 뛰어서 안방으로 들어갔고, 도망간 아들이 이불 속에 숨어 있는 것을 발견했다. 그 순간 이불을 확 걷어 젖히고 간지럼을 태우려고 하는데 나를 본 아들도 장난치듯 자신을 방어하려고 발차기를 했고, 내 안면은 가격당하고야 말았다. 순간 '아! 별

보인다는 말이 이런 거구나' 할 정도로 너무나 아팠다.

별이 번쩍 보이며 쓰러진 내 한쪽 눈이 퉁퉁 부어오르기 시작했다. 육아 책에서 배운 대로 어떠한 위기에서도 교양을 갖추어 아이를 가르치려 노력했던 나이지만 순간 너무 아프니 짜증이 나고, 화가 올라왔다. '이러다가 애한테 화내고야 말겠어'라는 생각이 들어서 그 자리를 일어나 욕실 화장실로 뛰어갔다.

"진짜 아프네" 하면서 거울을 이리저리 보고 있는데 안방에 있던 아이가 이불을 덮어쓰고 울고 있는 소리가 들렸다. 거울을 보다가 멈추고 그 자리를 가보니, 아이가 자기 머리를 때리며 "나 나빠. 나 나빠" 하며 울고 있는 것이었다. 순간 너무 놀라서 아이를 안았다. "아니야. 엄마는 괜찮아. 그보다 자기 자신을 때리는 게 제일 나쁜 거야. 실수이니 미안하다고 하는 게 어때?"라고 아이를 안은 채 말했다. 그제야 "엄마 미안해. 아프게 해서 미안해" 하는 게 아닌가. 일어난 일은 잘못된 것이며 그것에 대해서 책임을 져야 한다고 생각하는 죄책감이라는 감정은 여덟 살 아이도 아는 감정이다.

하지만 잘못된 결과에 대해서 책임을 져야 하는데, 어떻게 책임져야 하는지 모르는 경우도 있다. 그럴 때는 어떻게 말하고 행동해야 하는지 배워야 한다. 그런데 그런 생각을 할 여유가 없거나 배운 적이 없는 경우, 본인이 느끼는 책임감으로 인해 '내가 한 잘못된 일과 맞먹을 만한 잘못된 행동을 나 자신에게도 해야지만 상대가 보상받을 수 있다'라는 생각을 하게 된다. 예를 들면 친구의 소중한 물건을 망가뜨렸다고 생각해보자. 이때 미안하다고 하거나 다시 사주거나 해야 하는데 '내가 친구의 소중한 물건을 망가뜨렸어. 나는 항상 주의력이 떨어져. 난 못났어'라고 자책하며 죄책감에 사로잡혀 있는 것이다. 그런 감정은 어른이 되어서도 자칫 자신을 갉아먹는 감정이 되기도 하다.

이 세상 어디에도 완벽한 엄마는 없다
:

나는 감정노동에 대해서 강의할 때 교육생들에게 스트레스받는 일에 대해 익명으로 작성하게 하고 다른 교육생에게 그 일에 관한 솔루션을 적게 한다. 그리고 작성 내용을 읽어주면서 코멘트하는 형식으로 진행한다. 서로 공감하면서 이야기를 나눌 수 있는 이 교육은 특히 내가 좋아하는 교육이기도 하다. 2015년 여름, 전국을 다니며 강의를 하던 중 광주에 머물렀을 때였다. 교육생의 대부분이 여성으로 이루어져 있고 또 기혼자가 많았다. 그날도 스트레스에 관한 일을 작성하게 했고 다음은 한 워킹맘의 사례다. 그 워킹맘은 아이가 많이 어려서 자기가 돌봐야 하는 게 맞는데 어쩔 수 없이 아이를 어린이집에 맡기고, 저녁에 퇴근하고 아이를 집으로 데리고 와 밥 먹이고 씻기고 재우고 나면 또 밤이 된다고 썼다.

매일매일 이렇게 살다가 문득 왜 자기만 이렇게 해야 하는지 남편에게 화가 나서 짜증을 확 냈고, 그 짜증이 말도 잘못하는 아이에게까지 갔다고 한다. 아이에게 소리를 지르고 나서 놀란 아이를 보며 다시는 그러지 말아야지 했지만, 또 소리를 지르고 마는 상황이 연속적으로 계속될 때마다 자기 자신이 한심하게 느껴지고 '왜 죄 없는 아이에게 내가 이렇게 소리를 질렀을까' 하는 죄책감에 너무 슬프고 눈물나고 괴롭다고 설명했다. 그 이야기에 한 동료가 '남편에게 화내세요'라는 솔루션을 적었다. 길고 긴 고민에 비해 의외로 심플한 답변이라서 내가 그 솔루션을 읽자마자 모두가 가볍게 웃고 말았다.

감정 뒤에 다른 감정을 붙여보자

:

나는 곰곰이 생각했다. 아이에 대한 죄책감과 남편에 대한 원망을 어떻게 해야 할까? "저도 같은 엄마라서 경험해봤기 때문에 다 알아요"라는 말은 순간의 위로는 되겠지만 도움은 되지 못한다. 워킹맘, 종종거리며 다니는 그 마음을 누가 모르겠는가. 자신의 행동을 죄책감이라고 인식하며 괴로워하는 상황에서 위로나 격려가 필요할까 싶었다.

나는 그 워킹맘의 고민을 이렇게 풀어보았다. 사건 뒤에 느끼는 감정을 다른 감정으로 붙여보는 것이다. 아이를 늦게까지 어린이집에 두어서 아이가 외롭고 힘들까 봐 미안하다. 아이에게 화내지 않고 키우고 싶은데 또 화를 내서 미안하다. 남편에게 화가 났는데 그 감정을 아이에게 푼 것 같아서 미안하다. '미안하다'라는 감정을 붙여서 이야기를 풀어드리니 밤마다 죄책감을 가질 정도는 아니라는 생각이 든다고 한다. 나는 그분에게 죄책감을 덜기 위한 세 가지 다짐을 마음에 새기라고 말씀드렸다.

여행 가방처럼 생각하기

"아이에게 더 잘해주고 싶고, '내가 다 해줘야 하는데'라는 생각은 완벽함에서 오는 거 같아요. '와~ 정말 완벽해' 하다가도 꼭 하나 빠트리고 마는 여행 가방처럼 세상에 완벽한 것은 없잖아요."

나도 모르게 맞추고 있던 기준 버리기

"왜 죄책감이 들까? 생각해보면 '그 일은 꼭 해야 했는데,

이랬어야 했는데, 저랬어야 했는데'라는 기준을 매번 달고 살기 때문인 거 같습니다. 우리는 그 기준을 항상 육아 책에서나 외부로부터 찾으려고 해요. 더 완벽하다고 하는 사람들의 모습을 보면서 말이에요."

자신이 정한 기준에 대해서만 생각하기

"이제 우리 조금 내려놓기로 해요. 내가 정하는 기준만 생각하기로 해요. '난 오늘 엄마로서 열심히 일했고, 내 아이도 오늘 열심히 하루를 살았다. 내가 해줄 수 있는 최선은 아이 목욕시키는 것보다 30분 더 아이랑 놀아주는 것이다. 나는 오늘 그것만으로 만족하겠다. 내가 모든 걸 다 못했다고 해서 죄책감을 가질 필요는 없다' 하고 말이에요."

나는 위와 같이 세 가지 기준을 가지고 강조해 말했다. 그리고 "남편이 바빠서 육아를 못 하는 건지, 안 하는 건지에 대한 개념을 세우고 알려주는 것도 필요해요. 남편 입장에서는 항상 다 챙기는 아내니깐 힘들지 않다고 생각할 수도 있습니다. '우와~ 우리 와이프는 철인이야, 그렇게 일하고 와서도 이렇게 아이에게 친절한 걸 보면 말이야'라는 생각을 하지 않도록 남편에게 친절하게 알려주는 것이 필요합니다"라고 피드백을 제시했다.

죄책감이 생긴다면 당연히 만족이란 없다

:

모든 것을 내가 다 해야 한다고 생각하면 과연 그 끝은 무엇일까? 그 끝이 있기나 한 걸까? 단언컨대 완벽함에 대한 만족이란 없다. 완벽함에 대한 기준은 점점 높아지지만 그 기준대로 이루어낼 수 있는 현실적인 부분은 모두가 다르기 때문이다. 우리가 이 부분을 인정하지 않고 살아간다면 매 순간 완벽하기 위해 기준만 정하다가 시간이 갈 것이다. 그렇게 행동하지 못하면 죄책감도 생길 것이고 말이다.

때로는 완벽함을 이루지 못할 때 생겨나는 부족한 생각과 기분도 조금 내려놓는 것이 필요하다. 완벽을 이루지 못한 죄책감은 좌절감 또는 슬픔으로 또는 누군가에 대한 원망으로 나타나기 쉽다. 또는 좌절과 슬픔, 원망을 느끼고 나서야 죄책감을 다시 느끼는 경우도 있다.

이런 모든 상황과 감정을 이해하고도 죄책감이 든다면 그저 그 상황과 그 대상에 대해 '미안한 마음이 생긴다' 정도로 해두자. 그리고 그 미안한 마음이 들지 않기 위해 내가 할 수 있는 몇 가지 일에 대해서 생각해보자.

경직된 표정이 드러내는 것은
포기와 박탈감이다

생각하는 기준의 차이가 관계의 악화를 불러온다
:

집 근처 마트에 갔는데 대여섯 살쯤 되어보이는 아이가 바닥에 드러누워 다른 사람들이 다 쳐다볼 정도로 울어 젖히는 모습을 보았다. 이 표현이 딱 맞는 거 같다. '울어 젖히는'. 슬퍼서 운다는 것보다는 '이거 안 사주면 정말 귀가 아플 정도로 이렇게 계속 울고만 있을 거야' 하는 마음을 몸으로 최대한 표현하는 것.

그 모습을 보며 주위 사람을 의식한 부모님들은 다음에 사주겠다며 약속을 한다. 아마도 곧 다가올 크리스마스를 대비해서 그 장난감을 사주려고 했던 모양이다. 두세 살 아이라면 그 약속을 믿지 않겠지만 좀 머리가 자란 아이는 "정말? 정말이야? 정말 사줄 거야?"라고 몇 번을 묻고는 이내 툴툴 털고 일어난다. 약속하고 지킨다는 것이 무엇인지 아는 나이이기에 할 수 있는 행동이다.

그런 상태에서 마트에 다시 오게 된다면 '다음에'라는 말을 다음번 마트 방문으로 생각한 아이는 약속을 왜 지키지 않느냐고 부모에게 떼를 쓰고 또 바닥에 드러눕게 될 것이다. 서로의 생각에 차이가 있기 때문이다. 이는 생각하는 기준이 서로 다르다는 것을 몰라서 발생한 자연스러운 결말이다.

'이 정도면 됐지'와 '이 정도밖에 안 돼?'

장기근속한 직원들에게 "내 일의 의미를 가지세요", "당신에게 회사는 무엇입니까?"라고 묻는 것은 입 밖으로 꺼내기 참 무거운 말이다. 기업체 강연을 나가서 30년 근무한 직원들에게 이 질문을 던질 때 답변은 두 종류로 크게 나뉜다.

30년을 열심히 근무했고 그 덕분에 결혼도 하고 집도 샀다고 하며 회사에 고맙다고 말하는 분이 있는 반면 감사함은 있으나 회사에서 요구하는 기준이 너무 높아서 그를 따라가는 것이 힘들다고 하는 분들도 있다. 이때 가장 위험한 답변을 하는 부류가 "이 정도면 되었지"라고 답변하는 분들이다.

관리자는 이 정도밖에 안 되냐고 생각하는 반면 당사자는 '이 정도면 되었지'라고 생각하기 때문이다. 도대체 '이 정도'라는 것은 누가 정한 기준일까. 그 기준에 대해서 서로 협의하지 않고 근무하다 보면 관리자는 '왜 이 정도밖에 안 돼?'라고 생각할 것이고, 근로자는 '이게 뭐가 어때서? 이 정도면 됐지'라고 생각하게 된다. 서로가 이해되지 않으니 갈등의 시작이 될 수밖에 없다.

기대하느니 차라리 방어를 택하는 사람들
:

50명을 대상으로 하루 2시간씩 매일 강의해야 하는 시절이 있었다. 내가 직접 교육을 기획하고 강의를 해야 하는 상황이었고, 관련해서 고객사와 협의할 일들이 많았다. 해당 고객사는 교육에 대한 요구 사항이 많은 편이어서, 강사가 강의하기에 팍팍하기로 유명한 회사였고, 교육업계에서는 이 회사에서 강의하고 나면 우리나라 어느 곳에 가서도 강의할 수 있다는 말이 있을 정도였다. 그래서 새벽까지 많은 준비를 했다.

그리고 아침 일찍 일어나 강의장으로 향했다. 강의 2시간을 어떻게 잘 풀어가느냐에 따라서 점심시간 이후의 조직 활성화 교육이 잘 풀리냐 안 풀리냐를 점칠 수 있는 상황이라 강의 진행에 있어 상당한 부담감이 있었다.

강사에게 강사료를 주는 사람은 교육생이 아니라 강의를 요청한 회사나 담당자, 즉 고객사다. 그렇기 때문에 고객사가 요구한 조건을 맞춰서 강의해야 하고, 그 강의 조건과 내용이 교육생의 입장에는 맞지 않더라도 교육생들의 만족도를 높게 받아야 다음 강의 요청도 있는 아이러니한 상황이 발생하게 된다.

이때 한 강의도 마찬가지였다. 직원들의 열정을 불러일으키고 조직을 활성화해야 했는데 빳빳한 자세의 직원들을 보니 어떻게 해야 할지 참 난감했다. 회사에서 요구하는 조건과 내용은 교육생들에게 다가가기 어려운 그리고 흡수되기 어려운 사항들이 많았다. 회사의 요구는 오랜 기간 열심히 일해온 자신을 부정하는 일이 될 수도 있었다.

회사에 '이 정도로 열심히 일했으니 인정해줘'라고 아무리 말해도 인정해주지 않는다면, 서로의 기대가 다른지 확인해봐야 한다. 그런 확인 없이 서로의 주장만 하다 보면 상대방을 '말이 안 통하는 사람' 또는 '아무리 말해도 변하지 않는 사람'으로 단정해버리게 된다. 이미 서로의 생각에 차이가 생겨버렸는데 어떤 주장이 통할까.

아무리 말해도 듣지 않는다고 느끼게 되면 노력할 필요가 없다고 생각하게 되고 대상을 포기해버리는 상황이 되어버리고 만다. 열심히 일했는데도 나를 인정해주지 않고 요구만 하는 회사에 자신의 당연한 요구를 말할 기회조차 잃어버리게 되는 것이다. 이들의 이런 태도는 기대하는 것이 오히려 독이 될까 봐 스스로 문을 걸어 닫는 것이다.

'말하지 않아도 알아'라는 기대는 금물이다
:

아무리 경력이 있는 강사라도 강의 몇 시간으로 굳어 있는 교육생들의 마음을 열정으로 가득 차게 만들기는 참 어려운 일이다. '어떻게 하면 좋을까?' 잠깐 고민하다가 일상생활 이야기로 조금씩 풀어가기 시작했다.

"서로 친밀한 사이라도 토닥거리며 다툴 때가 있어요. 그런 경우를 잘 들여다보면, '내 마음을 알 줄 알았는데 왜 모르는 거지?'라는 기대가 생기기 때문인 거 같아요. 또 말하지 않아도 통하는 텔레파시 같은 현상을 기대하기도 하는데, 실상은 그렇지 않다는 것이 인간관계에서도 많이 일어나죠. '나 같으면 그렇게 안 할 텐데', '그래도 이번 한 번만 봐주지 뭐'라는 생각도 뒤따라옵니다. 미리 철벽을 쳐서 내 마음을 보호하는 것이죠."

먼저 사람들 마음에는 통상적으로 명확하지 않은 기대감이 있음을 설명했다. 그다음에는 사람들이 이렇게 행동하는 것은 상처받지 않으려는 마음이 강하기 때문이라는 점을 확실히 짚어 말했다. 기대했는데 그 기대가 실망으로 돌아오고 그런 일들이 반복되면, 앞으로도 이렇게 될 거라는 생각에 자기 자신을 방어한다. 그러나 이런 과정이 가져오는 결론은 대체로 좋지 않다. 그런 실망감은 관계의 단절을 일으킨다. 그 관계의 단절이 지속되는 것은 일어나지 않은 상대방의 행동과 말에 대해 단정을 지어버리기 때문이다.

포기하지 않고 안전하게 기대하는 방법

:

나는 교육생들의 속상한 마음을 읽고 그들의 입장에서 '포기하지 않고 개선하기 위해 다시 기대하는 세 가지 단계와 방법'을 꺼내놓았다.

- 갈등의 원인을 살펴보기
- 내 입장에서의 기대감을 재정의하기
- 기대감을 말하고 행동을 요구하기

이 세 단계에 따라 그분들이 요구할 수 있는 방법은 다음과 같은 말이 될 것이다.

"회사에서 열심히 오랫동안 일했다고 생각해요. 그래서 회사를 더 의지하고 회사가 나를 인정해주기를 바랍니다. 그런데 우리가 오래 일했다고 관성에 젖어 있다고 생각하는 것 같아서 회사에 서운합니다. 저는 제 청춘과 함께 세월을 보낸 이 회사에서 마지막 정년까지 열심히 일하고 싶습니다. 정년까지 열심히 일하기 위해 조직 내에서 어떻게 해야 할지, 고쳐야 할 것이 무엇인지 알려주면 좋겠습니다."

'말하지 않아도 다 알아요~'는 옛날 TV 광고에나 나오는 말이다. 이제 상대방에게 마음껏 기대하고, 마음껏 표현하는 말을 했으면 좋겠다.

철저한 외면과 무관심한 태도는
두려움의 다른 얼굴

불안이라는 감정의 도미노를 일으키는 말

JTBC 드라마 〈품위있는 그녀〉의 등장인물 박복자(배우 김선아)는 남편 회사를 팔아넘기고 자신이 그렇게 원하던 큰돈을 가지게 된다. 백화점에 가서 양손에 쇼핑백이 넘치도록 쇼핑하며 돈 쓰는 재미에 푹 빠진다. 그러다 마침 구두를 사는 과정에서 신발을 신겨주는 직원의 얼굴을 실수로 발로 걸어차는 일이 생겼는데, 그 순간 직원이 화내지 않고 오히려 고개를 숙인다.

박복자는 자신의 실수였지만 실수라고 말하기에는 이미 타이밍을 놓친 상황이라고 판단돼 자리에서 확 일어나 매장을 나가버리고 만다. 박복자는 자신의 실수라는 것을 알고 있었지만, 주위의 반응이 마치 그녀가 돈이 많아서 사람을 우습게 보는 그런 부류의 사람인 것처럼 보는 분위기였기 때문이다. 그런 느낌은 주위 사람들이 말하지 않아도 스스로 느껴지는 법. 결국 그 느낌을 없애려고 더 많은 물건을 구매하고 이것저것 눈에 보이는 것은 다 사버린다. "이것도, 저것도"라고 말하면서 눈으로 물건을 흘깃 볼 때마다 직원들은 굽신거리면서 그 물건을 쇼핑백에 담는다.

이때 박복자의 모습을 지켜보던 주위의 다른 손님들이 "저것 봐, 졸부인가 봐"라고 말하고 그 말을 듣는 순간 박복자는 슬픔에 휩싸인다. 돈을 많이 갖게 되면 품위도 갖게 될 거라고 생각했는데, 돈을 많이 가져도 주위에서 인정해주기는커녕 오히려 졸부라고 했기 때문이다. 하지만 전혀 아무렇지 않은 듯 철저하게 감정을 숨기고 주위에는 무관심한 척 쇼핑을 이어간다. 그 장면을 보면서 나는 생각했다. 주위 반응에 대해 철저하게 자신의 감정을 외면하는 저 모습을 타인이 보기에는 당당함 또는 뻔뻔함이라고 하겠지만, 정작 자신은 자신의 품위 없음을 들킬 것 같은 불안함을 주위에 들키기 싫어서 외면하는 것이라고 말이다.

많은 것을 가졌지만 그것을 사용할 넉넉한 마음을 가지지 못했으니, 마음의 구멍이 더 커질 수밖에 없는 것이다. 그 구멍은 비슷한 사건을 겪을 때마다 점점 커지고 올바르게 멋지게 살고 싶어도 자신을 자유롭지 못하게 구속하고 만다.

부족함을 들키기 싫을 때
:

초등학생 둘이 분식집 앞에서 서성이다가 안으로 들어간다. 한 친구는 앞장서서 들어가는 모습이 딱 보기에도 용돈이 넉넉해 보이는 친구고, 나머지 친구는 분식집으로 들어가는 모습이 멈칫거리는 것을 보니 용돈이 부족한 것처럼 보인다. 용돈이 넉넉한 친구가 계산대에서 주문한다. "떡볶이 1인분만 주세요." 그러고는 친구에게 묻는다. "넌 왜 주문 안 해?" 주머니 안에 오른손을 넣고 백 원짜리 두 개만 만지작거리던 친구는 "난 배 안 고파. 별로 맛있어 보이지도 않고 말이야"라고 말한다.

왜 그 아이는 돈이 부족해서 사 먹을 수 없다고 말하지 않고 다른 이유를 들어서 자신의 자존심을 세우고 싶었을까? 아마도 부족한 자신의 사정을 친구가 아는 것이 두려웠을 것이다. 또 그 사정을 알고 친구가 자신을 무시하거나 우습게 알까 봐 그 마음을 들키기 싫어서 그런 행동을 했는지도 모른다. 아이는 자신의 두려움을 상대가 알고 행동하는 모습이 상상되어 더 두려운 것이다.

철저하게 숨겨도 투명하게 보인다
:

강의하다 보면 '두려워하는 아이'를 만나는 경우가 종종 있다. '강사가 말하는 모든 내용을 나는 이미 다 알고 있어', '강사보다 내가 더 베테랑이야', '아무리 많은 이야기를 해도 난 절대 변하지 않을 거야', '나는 지금 이대로 만족해'라고 표현하는 경우가 그러하다.

위 이야기들의 공통점은 외부 자극이 들어와도 자신은 어떠한 반응도 하지 않겠다는 것이다. 고객사에서 교육을 의뢰하는 이유는 교육에 참여하는 직원들의 행동 변화를 일으키기 위해서다. 하지만 위와 같은 마음을 가지고 있는 교육생들을 만나면 행동의 변화를 일으키는 일이 참으로 어려워진다. 그렇다고 강압적으로 행동을 변화시키라고 말해야 할까?

외부 강의를 처음 시작하던 그 시절에 대외적으로 신참 강사였던 나는 당시 유행하는 올백 머리를 하고 정장 차림으로 교육장으로 들어갔다. 교육장 안의 공기에서는 '난 절대 변하지 않을 거야'라는 청중들의 '다짐'이 느껴지는 듯했다. 나는 마치 군대 내무반의 병장 앞에 선 이등병처럼 조금 긴장이 되었다. 그러나 긴장한 이등병이 애써 각 잡고 있는 병장의 태도를 눈치 채듯 올백 머리 신참 강사도 알고 있었다. 강사와 마음의 간격을 일정하게 두고 무관심한 척 외면하며 철저하게 두려움을 숨긴 교육생들의 모습을 말이다.

두려움을 알아차리는 방법
:

병장 같은 교육생들에게 현장 이야기를 해가며 마음을 조금 녹이고, 본격적으로 리더십 이야기를 시작했다. 교육생들은 지금처럼 관리자의 역량을 향상시기 위한 리더십 과정을 배우는 것이 제일 어렵다고 했다. 왜 그렇냐고 물어보니 강사의 말은 이해가 가고 사례도 참 좋은데 현장에서 적용하기에는 현실적으로 많은 어려움이 있다고 했다. 어떤 점이 어려운지 물어보니 다음과 같이 설명했다.

'나는 정말 대단해'라고 생각할 정도로 다양한 지식을 많이 가지고 있지만, 성과가 그만큼 나오지 않으면 주위에서 능력 없다고 말할 것 같다. 그리고 관리하는 부하 직원들이 꼬박꼬박 말대꾸하면 '나를 무시하나? 내 권위에 도전하나?'라는 생각이 들기도 하고 나름 베테랑이지만 알고 있는 지식이 생각보다 얕다는 것을 들키면 부하 직원들이 나를 따르지 않을 것 같다고 말이다. 나는 그분들의 생각과 마음을 읽고 우선 두려움이라는 1차 감정을 스스로 알아차릴 수 있도록 대화를 이어 나갔다.

"'나는 정말 대단해'라고 생각할 정도의 지식을 가지고 있지만, 실제 성과로 나타나지 않을 때 나를 성과도 못 내는 사람으로 무시할까 봐 두려우신가요?"라고 자신의 본마음을 인식할 수 있도록 안내하고, 그런 뒤에 두려움으로 인해 생겨나는 2차 감정, 관리하는 부하 직원들이 꼬박꼬박 말대꾸하면 '나를 무시하나? 내 권위에 도전하나?'라는 생각에 화가 나는지 물었다.

두려움도 긍정적인 상황으로 변할 수 있다
:

내가 이렇게 말하자 상대방은 두렵고 그런 두려움이 부정적인 행동으로 이어지는 것이 힘들다고 했다. 나는 두려운 감정 이후에 나타나는 행동에 대해 인식하는 것이 이 두려움을 극복하는 가장 손쉬운 해결책임을 말했다.

"난 나름 베테랑인데 내가 모든 것을 다 잘하는 것은 아니라서 그런 부분을 부하 직원이 알까 봐 두렵고 그로 인해서 그들이 나를 따르지 않을까 봐 두려우시죠? 그래서 오히려 주위에 마음을 주지 않고 외면하세요?"

그러자 교육생은 고개를 끄덕였다.

"두려우면 두렵다고 말해보세요. 꼭 남에게 말할 필요는 없습니다. 자기 자신에게 말해도 됩니다. 그런 인정을 통해서 긍정적 상황을 만들 수 있습니다."

이렇게 말하고 나서, 문제의 상황에 대해 다시 한번 사례를 들어 전달했다. 그랬더니 자신의 행동이 왜 그랬는지, 그러한 행동으로 인해서 다른 동료와 후배들이 왜 갈등이 생겼는지 알게 됐고 이해가 되었다고 한다. 이해가 되니 문제에 대한 해결 방법을 마련할 수 있게 되었고 우리는 그 부분에 대해서 상황별 해결 방법을 작성할 수 있었다. 두려움을 긍정적인 상황으로 이끌어가는 방법은 어렵지 않다.

- 두려움이라는 1차 감정을 인식하기
- 두려움으로 인해 생겨나는 2차 감정 인식하기
- 이후 일어나는 행동에 대해 인식하기

'두려움'은 어른이 된 많은 사람이 가지고 있는 감정이다. 그 감정을 단계적으로 인식한다면 철저하게 숨기고 외면하는 데 에너지를 소비하는 것보다 훨씬 감정적으로 행복할 것이다.

무뚝뚝한 얼굴과 단답형 대화는
'이것'에서 비롯된다

들뜨는 마음이 어색한 사람들

:

어떤 TV 프로그램에 한 연예인이 나와서 자신의 고민을 이야기했다. 고민 내용은 '들뜨는 감정이 싫어서 그런 감정이 생길 때마다 마음을 누른다'는 것이었다. 들떠서 실수하거나 많은 말을 하는 것이 부담스럽다고 말이다. 차분하게 일처리를 해야 하는데 실수할까 봐 마음을 가라앉히려 노력하는 일은 누구나 경험하는 부분이다. 하지만 매번 어떤 상황이든지 간에 신중하기 위해서 그 마음을 누르는 것은 문제가 될 수 있다.

창밖에 눈이 내리면 아이들은 마음이 들뜨고 설렌다. 그리고 그 마음을 바로 말과 행동으로 표현한다. "와 눈이다! 신난다!" 하고 소리를 지르기도 한다. 그런 상황에서 "눈이 많이 내리는구나"라고 상황에 대해 기술하듯이 말하는 부모라면 아이는 어떤 마음이 들까? 때로는 상대방의 감정에 함께 들뜨기도 하고 또 표현도 해야 한다. 감정을 누르지 않고 상황에 맞게 관리하는 방법이 필요하다.

말을 주워 담아 차곡차곡 쌓는 일
:

대화하다 보면 자신의 의견과 생각을 바로 말하지 않고 듣기에만 몰입하는 사람들이 있다. 상대방이 하는 이야기를 끝까지 듣고 그 말을 마음에 차곡차곡 쌓기만 하는 경우인데, "생각만 하지 말고 말을 좀 해봐"라고 말하고 싶을 정도다. 기쁘면 기쁘다고 화가 나면 화가 난다고 속상하면 속상하다고 표현을 할 수도 있는데, 그런 감정 표현 자체도 어색해하는 것이다. 무뚝뚝하게 묻는 말에 대답만 한다.

이와 관련해 기억에 남는 강의가 있다. 모 회사의 컨설팅 중 관리자 코칭 교육이었는데, 전체 교육 인원은 스무 명 이하였고, 교육에 참여한 사람은 열 명이었다. 그중 두 분이 특히 기억에 남는다. 한 분은 감정과 생각을 직관적으로 표현하는 분이었고, 한 분은 생각하는 데 시간이 오래 걸리고 그 생각을 감정 없이 말로 표현하는 분이었다. 소규모 상담으로 진행된 교육과정이라서 상담을 하듯이 서로 이야기를 많이 하게 되었는데, 내가 질문을 하나 하면 한 분은 사실과 감정과 생각을 동시에 쏟아내듯 말했다. 그리고 다른 한 분은 한참 동안 생각하고, 생각을 조리 있게 말로 표현하려 애썼다. 그 모습을 보니 '만약 두 분이 함께 일하게 된다면 마찰이 생기겠구나' 하는 생각이 들었다.

두 분 다 개선이 필요했지만, 특히 개선이 필요한 경우는 말이 없고 무뚝뚝하며 묻는 말에만 답하는 쪽이었다. 왜냐하면 어떤 방법이든지 표현을 하는 사람은 좋은 행동은 유지하고 부족한 행동은 고칠 기회를 잡을 수 있다. 그리고 그것에 대해서 주위 사람들이 알고 반응하기 때문에 자신의 말과 행동을 개선할 수 있다. 하지만 표현하지 않고 감정을 누르고 있는 사람은 상대방이 보기에 생각도 행동도 예측할 수 없기 때문에 특별히 고쳐야 할 부분이 있는지조차 알기 어렵고, 개선할 점을 찾기도 힘들다.

'마음 간격 두기'는 나만의 편안함이다

:

감정과 생각을 겉으로 표현하지 않는 그분과 함께 오랜 이야기를 나누었다. 본인이 일하면서 겪은 여러 상황에 관해 이야기하고 어떤 느낌과 생각이 들었는지 말이다. 그리고 어떤 행동을 했는지 물어보니 이렇게 답했다.

"가끔 일하다 보면 안 좋은 소리를 해야 할 때도 있잖아요. 그런 일이 있을 때 나도 팀원들에게 조언하고 싶은데, 직장생활에서 그래도 되나 싶은 생각이 들어요. 다들 성인이고 '알아서 하겠지'라고 생각했죠. 내 마음의 감정이나 생각을 드러내는 거 자체가 부담스럽습니다. 그런 제 모습이 직원들에게는 무심한 사람으로 보였나 봅니다."

함께 이야기를 나누면서 다시 한번 그분은 어떤 일에 대한 자신의 느낌과 생각을 구체적인 행동과 말로 표현하지 않는다는 것을 느꼈다. 또 내가 알게 된 것은 표현하는 것 자체가 어색하고 그런 표현이 긍정적이면 좋지만, 부정적인 일에 대한 표현은 더욱 부담스러워한다는 것이었다. 애초부터 상대방과의 관계를 심플하게 가져가고 싶다는 '마음 간격 두기'가 직장생활에 더 잘 어울린다는 생각을 갖고 있었다. 그 이야기를 듣고 나는 그분의 마음을 읽고 다음과 같이 표현했다.

"팀장님. 안 좋은 소리는 듣는 사람도 부담이지만 말하는 사람도 부담스러운 일이에요. '알아서 잘하겠지' 생각했는데, 잘되지 않을 때 더 많이 답답하시죠. '팀원들에게 이런 말을 하면 팀원들이 어떻게 생각할까' 이런 생각도 들 거 같아요. 표현하고 싶은데 표현하지 않는 것은 서로의 마음에 간격을 두는 행동이라고 생각합니다. 그리고 팀장님 입장에서는 표현하고 안 하고는 선택 사항입니다. 다만, 구성원들은 팀장님이 어떤 것을 선택하고 어떤 것을 선택하지 않았는지 알 수가 없어요."

그리고 마지막으로 다음과 같이 말한 뒤 기분 상하지 않게 행동을 개선하는 방법에 관해 이야기를 나누었다.

"부정적인 일에 대해서 표현하는 게 어렵고 부담스러울 수 있지만, 가볍게 표현해주면 상대방에게도 변할 기회가 생기지 않을까요?"

감정과 생각을 표현하는 그 시작!
:

자신의 감정과 생각을 표현하는 것에 능숙한 사람들은 매번 그렇게 표현하기 때문에 어떤 상황이 오더라도 그 표현 과정이 자연스럽다. 하지만 익숙하지 않은 사람들의 경우 상황이 지나간 뒤 표현 못 한 것에 대해 후회를 하는 경우가 있다.

또한 너무 오랫동안 생각하고 표현하면 상대방이 받아들이기에 더 무거워진다. 이제는 조금 가볍게 표현하는 것이 필요하다. 먼저 내가 표현하는 방법에 대해서 개선이 필요함을 인식하고, 상황에 따라서 어떻게 표현해야 할지 방법을 생각한 뒤 일정하게 실행해보는 것이다. 제일 중요한 것은 이러한 표현에 대해서 스스로 제어하지 않아도 된다는 생각이 필요하다.

감정을 누르지 않고 표현하는 팁
- 내가 상대방에게 표현하는 정도를 생각해보기
- 긍정적인 상황과 부정적인 상황에 대해서 어떻게 표현할지 방법을 정하기
- 일정한 날짜 또는 요일을 정해서 실행하기
- 표현하는 것에 대한 부담감을 버리고, 마음의 간격 두지 않기

긴장감과 떨림은
안전지대에 따라 결정된다

심장이 터질 것 같은 긴장감이 사라졌다

:

나는 초등학교 시절부터 말이 없고 목소리가 작았다. 명절에 가족들 앞에서 노래하는 것도 부끄러워하고, 수업 시간에 책을 읽을 때는 얼굴 정면까지 책을 올려서 다른 아이들이 내 얼굴을 보지 못하도록 했다. 선생님이 '발표할 사람?' 하면 절대 손을 들지 않았다. 누군가와 단둘이 이야기를 하더라도 상대방이 나를 빤히 쳐다보면 눈을 보며 이야기하는 것이 부끄러워서 얼굴이 빨개지는 상황이 연출되었다.

사람들은 그런 나를 보고 너무 소극적인 아이라고 했다. 얼굴이 붉어지는 게 느껴질 때는 더 발개지면서 내 얼굴이 마치 익은 고구마 같았고 나는 항상 어디론가 숨고 싶어 했다. 무슨 병에 걸린 듯했다. 그러다 그런 나에게 병이 없어지는 일이 생기고 말았다.

초등학교 3학년 때의 일이다. 학교에서 하는 〈선녀와 나무꾼〉 연극에서 나는 사슴 역할을 맡게 되었다. 연극에서 소품도 아니고, 나무도 아니고, 대사가 있는 사슴 역할을 맡게 된 나는 그 순간부터 심장이 뛰고 얼굴이 달아올랐다. '내가 저 역할을 어떻게 하지?', '여기를 어떻게 빠져나가지?'라는 생각에 떨리는 가슴이 머리까지 전해져 뇌까지 두근두근 뛰는 것 같았다. 그래도 내가 제일 먼저 한 것은 일단 대사를 외우는 것이었다. 그러고는 각자 맡은 역할을 극에 맞게 합을 맞춰보았다. 드디어 최종 리허설이 시작됐고, 역시나 얼굴이 발개지고 가슴이 콩닥콩닥 뛰어서 멈추지 않았다. 그 순간 사슴이 사냥꾼에게 쫓겨 나무꾼에게 숨겨달라고 말을 해야 하는 상황이 닥쳐왔다.

"살려주세요. 살려주세요. 사냥꾼이 쫓아와요. 저를 좀 살려주세요."

이 대사를 하는 나는 심장이 너무 뛰어서, 연극을 하는 그 대사와 심장이 너무 뛰고 긴장되는 현실의 내 상황이 조합되어 누가 봐도 리얼하게 그 대사를 말하게 되었다. 나의 감정과 연극 속 상황이 맞아떨어진 것이었다. 그 순간, 선생님이 리허설 무대를 잠깐 멈추었다. 그리고는 친구들에게 "연기는 이렇게 하는 거야! 사슴 역할을 맡은 미애, 정말 잘한다"라고 말했다.

연극 무대가 어떻게 끝났는지 기억나지 않을 정도로 긴장했던 나는 본 무대를 마친 이후에도 머릿속이 하얘졌다. 하지만 중요한 것은 무대에서 얼굴을 가리지 않고 외운 대사를 다 말한 나의 새로운 모습을 발견한 것이었다. 무엇이 나를 무대에서 연기하게 했을까? 나를 아는 사람이라면 연기하는 나를 보고 어색했을지도 모른다. 평소의 나와는 달랐기 때문이다.

두근거림은 부끄러운 것이 아니다

:

A 구청에서 천 명을 대상으로 강의한 날의 일이다. 강의할 내용을 다 전달하고 무대를 내려왔는데 교육생 중 한 분이 궁금한 게 있다고 하면서 말을 걸어왔다. "강사님, 강의 너무 잘 들었습니다. 실례가 될지 모르겠지만……" 하면서 한참 동안 뜸을 들였고, 다시 이야기가 이어졌으면 하는 생각이 드는 찰나 "어떻게 이렇게 많은 사람 앞에서 그렇게 여유 있게 말씀하시는지 궁금하고 배우고 싶어서요. 저는 짧은 발표도 너무 떨리고 긴장돼서요. 그런 내 모습을 들킬까 봐 불안하고 부

끄러워요"라고 물어왔다. 큰 무대에서 떨리는 모습 없이 강의하는 내 태도에 대해 궁금했던 것이었다.

그 질문을 받고 어떻게 설명해야 할지 잠시 생각에 빠졌다. 나도 내가 떨지 않고 많은 사람 앞에서 강의하는 내 모습이 어릴 적 내 모습과는 전혀 다른 의외의 모습이었기 때문이다. 내 어린 시절까지 이야기하며 내가 어떻게 강의하게 되었는지 이야기하기에는 내용이 너무 길었다. 그래서 상대방의 입장을 생각한 후 먼저 공감대 형성을 쌓을 수 있는 말을 꺼냈다.

"선생님, 혹시 평소에 많은 사람 앞에서 발표하고 이야기하는 것에 조금 부담감이 있으세요? 실은 저도 이 무대가 생각보다 많이 크고 앞에 교육받는 분들이 많아서 처음에는 조금 긴장했어요. 긴장 안 하는 게 이상한 거죠."

그 후 상황과 솔루션에 대해 이야기했다. "물론 강의 연습을 많이 해서 조금 익숙한 것도 있지만, 연습 많이 한다고 다 잘되는 것은 아닌 거 같아요. 긴장되는 상황은 연습 없이 찾아오니까요. 그래서 저는 이렇게 항상 생각합니다. 내 앞에 있는 이 사람들이 나를 해치지는 않는다. 나는 지금 아주 안전한 곳에 있다고 생각해요." 그러자 그분이 웃었다. 질문조차 긴장된 상태로 물어오는 그분이 웃으며 내 이야기에 계속 귀를 기울였다.

내가 "두근거리는 것이 부끄러운 것은 아닙니다"라고 말하자, 그분은 잠시 생각에 잠기는 듯했다. 가슴이 두근거리는 것은 누구에게나 있는 일이다. 많은 사람 앞에서 이야기하는 것이 직업인 나도 강의를 시작할 때마다 약간의 두근거림이 있으나 그건 잘못되거나 부끄러운 일이 아니다. 두근거림이 설렘으로 바뀔 수도 있고 두근거림이 자신감으로 바뀔 수도 있고 또는 목소리를 크게 만들 수도 있고 상황은 다 바뀔 수 있는 것이다. 그걸 인식하는 것이 필요할 뿐이다.

긴장감을 설렘으로 바꾸는 안전지대가 필요하다

회사에서 상사에게 보고할 때마다 떨린다는 사람들을 종종 만나게 된다. 앞에 서서 프레젠테이션할 때 입이 너무 떨려서 그런 자신의 모습에 자존감이 떨어져서 살 수가 없다고 하는 사람들도 있다. 일대일로 만나거나 의견을 주장할 때는 카리스마 있던 사람도 여러 사람들 앞에만 서면 떨린다고 한다.

사람들 앞에서 연기하고 노래하고 강연하는 사람들은 그 순간을 즐기는 사람들이라고 할 수 있다. 자신이 좋아하는 것을 사람들에게 보여주고 자신 있게 말하는 것이다. 하지만 모든 사람이 무대 위에서 무언가를 보여주는 것을 좋아하는 것은 아니다. 무대 아래에서 함께 흥얼거리며 노래를 부르는 것을 좋아하는 사람도 있고, 소리 내어 노래를 따라 부르는 것조차 부끄러워서 박수 치면서 마음속으로 노래를 따라 부르는 사람도 있다. 평소에는 말을 잘하다가도 무대에 서면 얼어붙어버리는 사람도 있고 어릴 적 나처럼 얼굴이 발개지는 사람도 있다.

그런 긴장감을 스스로 느낄 때면 더 긴장되고 두근거리는 일이 생기게 된다. 이때 필요한 것은 무엇일까? 바로 '안전지대'다. 내가 서 있는 이곳과 나를 보는 저 사람들에게서 나는 안전하다고 생각하는 것이다. 사람마다 안전지대의 폭이 다르다. 어떤 사람은 안전지대가 아주 좁고 어떤 사람은 처음부터 넓기도 하다. 무대에서 긴장되고 떨린다면 조금씩 안전지대를 넓혀가는 것이 필요하다. 너무 긴장되어 입술이 파르르 떨리다가도 시간이 지나 적응되면 그 긴장도가 떨어진다. 그것은 시간이 흘러가면서 스스로 안전지대를 만들었기 때문이다.

내가 '마음껏 내 역량을 펼쳐도 되는 안전한 사람들이 내 앞에서 나를 보고 있다'라고 생각하는 것은 긴장감을 설렘으로 바꾸는 첫 시작이다. 물론 그 설렘을 느끼지 못하게 굳은 표정으로 앉아 있는 사람들도 가끔 있지만 그런 모습에도 흔들리지 않는 단단한 마음을 가져야 한다. 그때는 '어쩔 건데'

라는 생각도 가끔은 도움이 된다. 나 스스로 안전지대에 대해 인식하는 순간 내가 하는 노래도, 내가 하는 강연도, 내가 하는 말도 상대방만을 위한 것이 아닌 나도 함께 행복한 그런 시간이 될 것이다.

센 척하는 당신,
자존심의 무게를 견디고 있다

"뭘 봐?"가 불러온 참사

:

덩치가 큰 어떤 사람이 길을 걷다 지나가는 사람들과 부딪쳤다. 어깨가 위로 이만큼 올라간 그 사람은 상대방과 어깨가 부딪치자 짜증스러운 눈길로 탁 쳐다보며 한마디한다. "뭘 봐?" 상대방이 고개를 낮추며 눈을 내리면 그냥 넘어가고, 상대방도 똑같은 표정으로 '내가 뭘 어쨌다고. 너는 뭘 봐?'라는 눈빛으로 쳐다보면 "뭘 보냐고!" 하면서 더 큰소리를 낸다.

얼마 전에 길거리에서 목격한 일이다. 덩치 큰 두 사람이 누가 더 센지 겨루기라도 하듯 서로 어깨를 여기저기 부딪치다가 결국 주먹을 쥐고 멱살을 잡고 소리를 지른다. 누가 더 센지 눈빛으로, 말로 겨루다가 결국 힘까지 겨루게 된 것이다.

이런 일들은 보통 어린아이 시절에 일어난다. 말로 제대로 표현을 못 하는 유아기 때 갖고 싶은 것은 뺏고, 뺏긴 아이는 상대방을 때리거나 울거나 한다. 세 살 정도의 아이들이 하는 행동이다. 누군가가 독점하지 못하는 장난감의 경우는 중간에 하나를 두고 서로 잡아당기면서 힘을 겨룬다. 하지만 우리는 점점 성장할수록 내가 가질 수 있는 것, 내 것과 너의 것을 구분하면서 사회에서 성장해간다. 그런데 어른이 다 되어서도 이런 유아적인 행동에서 벗어나지 못하는 사람들이 있다. 그들은 나와 타인의 경계선을 제대로 구분하지 못할뿐더러 마치 아이들처럼 자기 물건을 주장하며 힘겨루기를 하듯 서로 '기'를 겨루곤 한다. 방금 두 사람이 보여준 장면처럼 서로가 손해만 보는 "뭘 봐?"를 반복하는 것이다.

이들은 마치 자신의 힘이 얼마나 센지 겨루어봐야 자신의 존재 가치가 보장받는 것처럼 행동한다. 그 겨루기의 끝이 늘 참담한 결과를 낳더라도 반복된 버릇을 고치지도 않는다. 그리고 자신이 매번 그 승부에서 꼭 이겨야 한다고 생각한다. 그렇게 이겨야지 자신이 강자라고 생각하는 것이다.

매너 없는 무례함으로 센 척하는 사람

:

고객사를 만나면 대부분 친절하다. 설명도 잘해주고 매너도 있다. 그런 고객사를 만날 때마다 기분이 좋다. 하지만 그렇지 않은 경우도 가끔 있는데, 예를 들면 무례한 경우가 그렇다. 여기서 말하는 무례란 직책과 지위가 있으면 거기에 바라는 기대치가 있는데 그 기대치와 어긋나게 행동하는 경우를 말한다. 사람들은 보통 이런 경우를 갑질이라고 한다.

처음 만났고, 자신의 부하 직원도 아닌데 새벽에 카톡으로 업무 지시를 하거나 일정보다 훨씬 앞당겨서 결과물을 내라고 하는 무리한 부탁을 한다. 물론 부하 직원한테도 요즘에는 이렇게 하면 안 된다. 직장 내 괴롭힘이라고도 칭하니까. 또 많은 건 아니지만 첫 대면 자리에서 회의하는데 갑자기 손톱 손질을 하는 사람도 있고, 내가 보는 앞에서 자신의 부하 직원을 하대하는 경우도 있다. 참 다양하다. 매너가 없다고만 하기에는 좀 부족하고 무례하다. 그렇다면 이런 무례함은 어디서 오는 것일까? 그건 상대방과 자신과의 사이에서 우위에 있고 싶어 하는 감정 때문이다. '내가 당신보다 세니까 나를 우습게 보지 마'라는 마음이 깔려 있기도 하다.

무례하거나 경우가 없는 사람들이 동시에 갖는 태도 중 하나는 '센 척'하는 태도다. 이런 사람들은 "내가 더 배웠어. 내가 더 아는 게 많아. 난 전문가이니까. 내가 최고야"라는 말도 자주 한다. 이들이 이러는 이유는 한 가지다. 전문가처럼 보이고 싶은데 무기가 없다는 것. 그래서 가진 게 없기 때문에 상대가 얕볼까 봐 두려운 것이다. 아이러니하게도 우리는 이런 사람들을 만날 때 센 척하는 것을 알면서도 대하는 게 힘이 들고 마음의 괴로움이 쌓인다.

진짜 센 사람 만나면 회복 불가능

이들이 이러는 가장 큰 이유 중 하나는 방어막이다. 정말 센 사람들은 세다고 표현하지 않는다. 난 힘이 세고 난 정말 많이 알고 내가 정말 최고고, 이런 것을 매순간 드러내지 않는다. 딱 필요한 자리에서 딱 필요한 만큼만 드러낸다. 내면의 강함을 가진 사람이라고 할 수 있다. 정말 고수는 한 번에 상대방을 제압하지 않는다. 조용히 한 걸음씩 다가간다. 자신이 굳이 표현하지 않아도 자신이 말하지 않아도 주위에서 느껴지는 강함이 있다. 그래서 우리는 그런 사람을 함부로 대하지 않고, 당연히 그 사람은 자존심을 다칠 이유가 없다. 왜냐하면 이미 내면의 강함을 가졌기 때문이다.

하지만 그렇지 못하는 사람들은 시시때때로 무너진다. 특히 그런 무너지는 경험을 한 경우에는 '다음에는 절대 지지 않을 거야', '나를 우습게 보지 못하게 해주겠어' 하는 마음을 다지게 된다. 이런 감정이 좋게 발전하면 성찰을 통해 좀 더 내면의 강함을 갖출 수 있겠지만, 성찰이 아닌 앙심으로 번지게 되면 그건 원치 않은 결과, 즉 위태로운 센 척하는 사람이 되는 것이다.

그리고 조직에서 센 척하는 것은 책임감을 건디고 있다고 할 수 있다. 리더라면 이렇게 행동해야 한다고 생각하는 것이다. 센 척하는 것이 자신이 가진 능력이라고 생각한다. 동창회에서 센 척하는 것은 '나 많이 가졌어' 하는 것을 나타내고 싶어 하는 허세 종류의 센 척이다. 그것이 자신을 높인다고 생각한다. 그건 모두 가짜 힘이다. 상대방에게 무너지는 순간, 깨지는 순간, 들키는 순간 센 척하면서 지켜왔던 모든 힘이 없어진다. 그 민망함이란…….

자존심 상하지 않게 인정해주자

:

그래서 이런 상황에 놓이기 전에 한번 생각해볼 것을 권한다. 정말 센 사람은 센 척하지 않는다. 내면에 무기 하나쯤은 가지고 있더라도 그 무기를 계속 꺼내면 사람들이 무서워하지 않는다. 무기가 있다는 것을 알면서도 꺼내지 않는 그 진중함에 더 기대하는 것이다. 위기의 순간마다 또는 힘겨루기를 해야 하는 순간마다 이빨을 드러내고 으르렁거리는 것보다 한 번쯤 안으로 숨겨서 무거워지는 것도 필요하다는 것이다.

센 척하는 사람들을 대할 때 때로는 자존심을 세우고 싶어질 때도 있다. '이런 센 척하는 사람한테 지지 않을 거야'라고 생각하는 경우다. 그래서 센 척하는 것이 눈에 보일 때 '너 센 척하는 거 다 알아', ' 내 눈에 다 보여' 하면서 얕보기도 한다. 이제는 그 마음을 이해하고 자존심을 지키고 싶어 하는 마음을 인정해주자. 그 무게가 얼마나 무겁겠는가. 그 무게를 좀 덜어주는 가벼운 대화를 유도하는 것도 필요하다. 난 위험한 사람이 아니니 나에게 센 척 안 해도 된다는 마음을 은근히 알려주자. 부드러움이 강함을 이긴다고 하지 않는가. 날 세워서 같이 센 척하면 다툼뿐이다.

예를 들어 나에게 권력을 행사하고 싶어서, 내 앞에서 자신의 부하 직원을 막 하대하는 경우가 있다고 치자. 그 자리에서 서로 민망하게 가만히 있지 말고 이렇게 말해보자.

"와 대리님, 부장님께서 이렇게 말씀하시는 거 보니 두 분 아주 친하신가 봐요."

상황을 반전하기 위해서는 약간의 유머가 필요하며, 부드러운 표정이 동반되어야 한다. 센 척하는 분위기는 살얼음과도 같기에 조금씩 따뜻하게 만들어주는 것이 필요하다. 또 자신도 모르게 센 척하는 단어로 상대방을 무시하는 것처럼 느껴지는 행동을 하는 사람에게는 그 상황이 불편하다는 것을 알려주자.

"이렇게 하지 마세요"라는 명령형이 아니라 "지금 저한테 화내시는 거 아니죠?"라는 질문 식으로 말이다. "지금 이렇게 말씀하셨는데, 저한테 화내시는 거 아니죠?" 그러면 상대방은 화내는 건 아니라며 본인의 이야기를 시작할 것이다.

4장

마음의 파도를 넘는
일곱 가지 방법

걱정 천지
_ 걱정 진술서를 쓰자

걱정이 탄생하는 순간
:

오랜만에 남편과 이야기를 나누었다. 요즘 부쩍 살이 쪘고 그래서 그런지 침대가 불편해서 힘들다고 한다. 그래서 별 뜻 없이 "우리 이사 가면 지금처럼 더블 침대 말고 싱글 침대 큰 걸로 두 개 살까? 오빠 편하게 자게"라고 물었더니 고민도 안 하고 바로 "그래. 그러자"라고 한다. 그 말을 듣고 나니 생각지도 않았던 여러 걱정이 들기 시작한다.

'싱글 침대 두 개 사면 우리 사이 멀어지는 거 아니야?', '요즘 부쩍 나한테 관심이 없는 거 같아. 걱정이야', '이러다 우리 사이 정말 멀어지는 거 아니야?'

걱정의 탄생은 위 일화처럼 전격적이고 뜬금없다. 그리고 한번 생겨난 걱정은 꼬리에 꼬리를 물고 새끼를 친다. 부부가 대화한 목적은 '편한 수면을 위한 침대 구매'에 있다. 그리고 남편은 이 대화의 목적에 온전히 집중해서 말하고 있다. 그런데 아내의 마음은 다른 곳으로 흘러간다. 온전한 대화의 목적에서 벗어나, 혼자 상상의 나래를 펼쳐가는 것이다. 우리 삶의 걱정 대부분이 이런 과정을 통해 탄생한다.

'진짜 걱정'인가, '그냥 걱정'인가

:

몸이 조금 아픈 사람이 점점 정말 많이 아프게 될까 봐 걱정하는 것은 당연하다. 예를 들면 건강검진을 받았는데 위궤양 초기 증상이 나왔다고 하자. 그럼 위암에 걸릴 확률도 있으므로 걱정되는 마음에 추가 검진을 받거나 주기적으로 건강검진을 받게 되는 것이 당연한 일이다. 이러한 일들은 과할 정도로 건강에 집착해서 일상생활에 문제가 생기는 경우가 아니라면 '좋은 걱정'에 해당된다.

하지만 그와 반대인 경우도 있다. 일명 '그냥 걱정'이다. '그냥 걱정'은 부정적인 방향으로 걱정을 확대 해석하는 것을 뜻한다. 다시 말해 실제로 일어난 일이 아니거나 일어날 가능성이 적은 일인데도 '만일에 말이야~', '정말 만약에' 하면서 물고 늘어지는 걱정은 상대방과 나에게 부정적 걱정으로 이어진다.

우리는 왜 걱정을 사서 할까?

:

배가 고프면 밥을 먹는다. 어떤 사람은 식사 때가 되면 배가 고프지 않아도 밥을 챙겨 먹는다. 건강을 위해 식사는 잘 챙겨야 하기 때문이다. 마음도 마찬가지다. 마음에 구멍이 생긴 것 같을 때는 뭐라도 챙겨 넣어야 한다. 영양이 있는 것들로 말이다. 그렇게 견고한 방어막을 만들어가는 것이다.

이러한 마음의 방어막이 없으면 갑자기 훅 치고 들어오는 '그냥 걱정'들이 마음을 내려앉게 만들어버린다. 두껍고 단단한 마음이라 할지라도 지속적인 '그냥 걱정'은 아주 철저히 그리고 조금씩 그 마음을 파먹기 시작한다.

조금씩 갉아먹고 갉아먹어 작은 구멍이 커지고 이내 곧 큰 구멍을 만들어버릴 것처럼 마음을 두근거리게 한다. 이렇게 되면 '그냥 걱정'은 '나쁜 걱정'이 되고 만다. 일어날 전조 증상도 없는데 상상이 걱정으로 변하고, 그 상상이 현실이 되었을 때를 대비하기 위한 소모전에 돌입하여 일상을 힘들게 하는 걱정들이 쌓이기 시작한다.

만약 지금 내가 '그냥 걱정'을 하는 것은 아닌지 걱정된다면 '내가 왜 이런 생각을 하는지, 내가 왜 이런 행동을 하는지, 도대체 왜!'라는 생각이 든다면 이렇게 생각해보자. '그냥 걱정'을 수습하려면 마음의 훈련이 필요하다. 나는 쓸데없는 걱정이 생길 때 다음 3단계로 걱정을 조각조각 내서 살펴본다.

1단계. 내 걱정의 실체가 있는지 파악한다

위 일화에서 남편은 그저 싱글 침대 두 개 사자는 의견에 동의했을 뿐이다. 그런데 아내는 갑자기 방향을 틀어 '우리 사이가 멀어지는 게 아닐까?', '내가 살이 쪄서 남편의 마음이 변했나?' 등 실체 없는 고민에 빠지고 말았다. 아내가 신경과민이어서? 특별히 걱정을 많이 하는 사람이어서? 아니다. 우리 대부분이 실체가 없는 걱정, 아직 오지도 않은 걱정에 잠 못 들고 고민한다. 즉 걱정은 대부분 '무에서 탄생한다'라고 할까? 나 역시 실체 없는 걱정으로 에너지를 낭비한 경험이 있다.

학교폭력 예방에 관한 강의를 했을 때 일이다. 주로 학교폭력에 노출된 아이들을 돕는 일을 하는 기관이었는데, 그곳 담당자들과 이야기하면서 주위에서 일어나는 학교폭력이 상당히 심각하다는 사실을 알게 되었다. 심지어 초등학교 저학년에서도 학교폭력 사례가 빈번해 당시 막 초등학교에 입학

한 내 아이에게도 해당되는 이야기일까 봐 걱정이 앞섰다. 미팅을 마치고 집으로 돌아오는 내내 혹시나 있을 만약을 대비해서 나는 엄마로서 어떻게 대처해야 할지 각종 상황에 대해 상상하며 걱정의 파이를 키워갔다. 집에 오니 아이는 거실에서 깔깔 웃으며 TV를 보고 있었다. 나는 아이를 곁눈으로 살피다가 옆에 슬그머니 앉았다.

"혹시 말이야, 학교에서 별일 없어?"

"없어."

"놀이터에서는? 혹시 큰 형들이 괴롭히는 경우는 없어?"

"없어."

"솔직히 말해도 돼. 진짜 없어?"

내가 계속 질문을 퍼붓자 급기야 아이는 귀찮다는 듯이 목소리를 높였다.

"아, 왜 자꾸 똑같은 걸 묻고 그래 엄마는?"

그때야 비로소 '아차' 싶었다. 그러고는 '아, 내가 지금 뭘 하고 있는 거지?'라는 자각이 들면서 걱정을 사서 하고 있다는 걸 깨달았다. 이처럼 걱정을 다스리는 1단계는 '실체'가 있는지를 파악하는 데서 시작한다. 그리고 이에 대한 대답은 의외로 매우 쉽게 나온다.

2단계. 걱정 화살의 과녁을 자기 자신에게 조준하라

실체가 없음을 파악했다면 이제 내 걱정은 과녁 없이 쏘아 올린 화살일 뿐임을 인정하는 일이 남았다. 앞서 말한 아내는 침대 이야기를 '침대' 이야기로만 받아들일 필요가 있다. 나한테 관심이 멀어진 건 아닌가 하는 추측도, 이러다가 사이가 멀어지면 어쩌나 하는 예단도 다 버려야 한다. 우리가 하는 '그냥 걱정'은 실체가 없을 뿐 아니라 과녁도 없다는 사실을 인정하면 그다음부터는 내가 왜 이런 영양가 없는 고민을 하느라 귀한 시간을 허비했는지 생각하게 될 것이다.

우리가 하는 걱정은 대부분 과녁이 없다. 걱정하지 않으면 마치 불행한 일이 생길 것 같은 불안한 마음이 드는가? 그렇다면 당신은 걱정에 중독되었다! '그냥 걱정'이 '나쁜 걱정'으로 가는 것은 순식간에 일어난다. 왜냐하면 걱정은 실체가 없는 무에서 창조되었기 때문에 그 상상력이 아주 위대하기 때문이다. 이쪽으로 부풀려지기도 하고 저쪽으로 튕기기도 한다. 그러다 그 상상의 끝이 나쁜 걱정으로 변해서 전혀 다른 과녁으로 화살을 쏘아버릴 수도 있다. 싱글 침대를 두 개 사자고 동의한 남편이 나에게 관심이 없을 거라고 유추되는 다른 어떤 행동을 하고 있는가? 그런 연관성이 있다고 생각된다면 괜히 찔러보지 말고 이렇게 말해보자.

"요즘 당신이 나에게 관심이 없다고 느껴지는데 내 느낌

맞는 걸까? 그래서 쓸데없는 걱정도 생겨. 침대 두 개를 쓰면 우리 사이 멀어질까 봐 겁도 나고."

과녁 없이 화살을 쏘지 말고 이처럼 맞혀야 할 과녁을 자기 자신에게로 집중해서 돌려보자. 만약 이렇게 할 자신이 없다면 아예 활시위를 당기지 않는 편이 좋다.

3단계. 자신이 뿌린 걱정은 스스로 쓸어 담자

티베트 속담 중에 '걱정을 해서 걱정이 없어지면 걱정이 없겠네'라는 말이 있다. 나는 이 말이야말로 '걱정'에 관한 세계 최고의 속담이라고 생각한다. 걱정한다고 걱정한 일이 없어진다면, 사람들은 걱정 쟁탈전이라도 벌일 것이다. 걱정은 산 위에서 굴리는 눈송이처럼 하면 할수록 거대한 덩어리가 되어 산 밑으로 굴러떨어진다. 하나의 점에서 시작된 걱정이 아무리 노력해도 머릿속에서 사라지지 않았던 경험은 누구나 해봤을 것이다. 그리고 그러한 걱정이 이미 '나쁜 경험'으로 이어진 적이 있다면 더욱 그렇다.

걱정은 사라지지 않으며, 강도를 더해가고, 더욱 견고해진다. 따라서 이 걱정의 콘크리트를 깰 사람은 자기 자신뿐임을 어서 빨리 알아차리고 행동에 나서야 한다. 그렇다면 위 부부에게 불거진 문제는 무엇일까? 정답은 '아무것도 없음'이다. 지금 당장 침대를 사지도 않았고 남편이 아내에게 무뚝뚝해진 것도 아니다. '이사 갈 때 한 번쯤 고려해보자'라는 것이 대화의 요지다.

걱정의 실체가 없고 그 걱정의 화살이 어디를 향했는지를 깨달았다면 이제 걱정의 화살을 다시 쓸어 담아야 한다. 쓸데없는 생각을 접고, 진짜 주제에 집중하는 대화를 하면 된다. 걱정이 태산을 만들기 전에 스스로 쓸어버리는 일이 필요하다. 그냥 걱정은 버려버리자. 사소하게 시작된 '그냥 걱정'이 '나쁜 걱정'으로 되어버리고 그런 태산이 무너지면 정말 감당하기 힘들다. 삶도 무너진다.

당신의 삶을 단단하게 해줄 '그냥 걱정' 진술서
:

쓸데없는 걱정이 나의 삶을 힘들게 할 때, 나는 걱정에 관한 진술서를 적는다. 걱정 진술서는 말 그대로 걱정에 관한 진술을 하는 것이다. '누가, 언제, 어디서, 무엇을, 어떻게, 왜'의 육하원칙을 기준으로 적어 내려다가 보면 나의 걱정은 실체가 없어지며 어느 순간 사라질 것이다.

- 나는 누구 때문에 걱정하는가?
- 이 걱정을 지금 하는 이유는 무엇인가?

- 내가 걱정하는 일은 어디에 영향을 주는가?
- 내가 하는 걱정이 실제로 일어날 경우, 무슨 일이 일어나고 무슨 결과가 나오나?
- 일이 벌어지지 않게 하려면 어떻게 해야 하나?
- 나는 왜 이 모든 생각을 짐작하여 미리 생각하고 있는가? 즉, 내가 걱정하는 이유는 무엇인가?

진술서의 방법이 정통적인 '육하원칙'의 방식을 따르는 것은 아니지만 그래도 나는 대강의 구조를 육하원칙에 따라서 쓴다. 여기서 핵심은 모든 질문은 마지막 질문으로 가기 위한 과정이라 볼 수 있다. 순서대로 적다 보면 자신이 걱정의 스토리를 만들어 쓰고 있는지, 실제 벌어질 수 있는 일에 대한 리스크 관리 차원에서 하고 있는지 알게 된다.

완벽성
_완벽하지 않은 기준을 만들자

내가 생각하는 완벽은 과연 완벽일까?

:

엄마: 너, 학원 숙제 다 했어?

아들: 아니, 아직.

엄마: 왜 아직이야? 지난번에도 안 해갔잖아?

아들: 그거 근데 숙제 맞아?

엄마: 당연히 숙제지!

아들: 안 해도 되는데? 선생님이 별 말씀 안 하셔.

엄마: 숙제는 선택이 아니야! 무조건 해야 하는 거지!

학교에서 돌아와 아직 책가방도 안 내려놓은 아들과 그런 아들에게 달려가 숙제부터 물어보는 엄마의 대화다. 마흔 살 넘은 엄마와 이제 중학생이 된 아이는 서로 옥신각신한다. 짧은 대화가 몇 마디 오가다가 "숙제는 해야 하는 거라고!"라고 목소리가 높게 나오고 말았다. 눈이 동그랗게 커진 아이가 "근데 왜 화를 내!"라고 말하는 통에 점점 더 소리를 지를 뻔한 것을 멈추게 되었다.

당연하다는 말에 숨어 있는 의미

위 일화는 회사 동료의 이야기다. 나에게 아이와 한판 다툰 이야기를 하면서 워킹맘으로서 한계를 느낀다고 고민을 털어놓았다. 회사에서도 인정받고 아이도 잘 키우고 싶은데, 회사 생활도 완벽하지 않고 육아도 완벽하지 않다는 것이었다. 그 동료의 말을 들으며 이렇게 생각했다. 숙제는 꼭 해야 한다는 말은 맞는 말이다. 하지만 아이의 상황이나 상태는 뒤로 밀어두고 숙제처럼 약속된 것들은 반드시 해야 한다는 생각을 강요해버린 것은 아닐까? 이렇게 되면 아이가 숙제를 잘하게 될지는 몰라도 갈등 해결은 못 하는 아이로 성장할 확률이 높다.

해야 하는 것을 하는 것은 당연하지만 어느 순간, 어느 상황에 상관없이 모든 것을 무조건 완벽하게 수행하는 사람은 없다. 엄마는 아들에게 왜 완벽한 수행을 요구했을까?

완벽의 강요는 '그렇기 때문에'를 불러온다

완벽하다는 것의 기준은 무엇일까? 완전무결한 것을 의미하는 말인 '완벽'은 말 그대로 누가 뭐라고 할 수 있는 부분이 없을 정도로 흠 없이 뛰어난 것을 말한다. 예를 들어 어떤 물건을 만들었다고 했을 때 그 물건이 완벽할 수 있다. 하지만 단언컨대 사람에게는 완벽의 잣대를 댈 수 없다. 사람은 불완전하기 때문이다. 필요한 모든 것이 갖추어져 있는 완전한 사람은 없듯이 관계에 있어서도, 일에 있어서도 완전을 넘어 완벽한 사람은 이 세상에 없다. 그걸 추구하는 사람만 있을 뿐이다. 그러나 주위를 보면 자신에게 가혹할 정도로 완벽의 잣대를 대는 사람이 있다.

"나는 타인과의 관계에서 완벽해야 해."

"나는 완벽하게 일처리를 하는 사람이야."

"나는 모든 사람에게 꼭 인정받는 사람이어야 해."

이러한 생각이 변화를 위한 긍정적인 행동으로 이어지면 좋겠지만, 이런 집착에 가까운 완벽에 대한 기준은 다음과 같은 생각을 만들어낸다.

"타인과의 관계에서도 난 완벽해야 해. 그렇기 때문에 항상 친절해야 해."

"나는 완벽하게 일처리를 하는 사람이야. 그렇기 때문에 가족과의 약속보다 오늘 야근이 더 중요해."

"나는 모든 사람에게 꼭 인정받는 사람이어야 해. 그렇기 때문에 내가 주인공 대접을 받는 것이 당연한 거야."

긍정적인 기운으로 이어지지 않는 완벽함이 과연 완벽함이라고 할 수 있을까? 무슨 일을 하든, 어떤 결과를 내든 끝에 가서는 꼭 '그렇기 때문에 ~ 해야 한다'라는 단서를 붙이는 엄마라든지, "잘했어, 잘했는데 그렇기 때문에"로 꼭 발목을 잡는 직장 상사라든지, "네 생각이 옳아. 네 의견에 찬성해. 그렇기 때문에"로 꼭 군더더기를 붙이는 친구라면? 나는 상상만으로도 숨이 막혀온다.

우리가 완벽에 집착하는 이유

:

커뮤니케이션 강의를 하다 보면 강의 자료 그림에 각자 선을 긋는 과정이 있는데, 그림에 점과 점을 찍고 선을 연결할 때 어떤 사람은 점을 찍고 대충 연결하는 반면 어떤 사람은 지갑에서 카드를 꺼내 점과 점을 연결한다. 선이 혹시라도 비뚤어질까 봐 조심조심한다. 그렇게 완벽한 선이 만들어지는 것이다. 그런데 완벽한 선 긋기처럼 완벽한 삶이라는 것이 있을까?

"난 이 일을 완벽하게 처리해야 해. 난 그런 사람이니까."

"내 인생은 완벽해야 해. 그런데 저 사람 때문에 문제야."

이렇듯 무엇을 꼭 해야 한다는 집착은 완벽하게 일과 관계를 유지해야 한다는 생각에서 기인한다. 어떻게 보면 강박과 집착에서 일어나는 행동이기도 하다. 완벽함을 향한 끝이 없는 달리기 같다. 물론 완벽한 일처리와 완벽한 관계는 누구나 원하는 바다. 그러나 그게 나 자신을 힘들게 하고 주위를 힘들게 한다면 한 번쯤 생각해볼 문제다.

그리고 문제는 완벽에 대한 기준에 있다. 예를 들어 모든 인간관계가 결점없이 완벽할 수 있을까? 그건 아니다. 노력해야 하고 때로는 희생이 있을 수도 있다. 하지만 그 노력과 희생이 내 마음에 괴로움을 만들어내고, 타인에게 상처를 주는 일로 이어져서는 안 된다. 물론 자신의 눈에 보이는 완벽한 타인이 있을 수도 있다. 어떤 사람은 그런 타인을 보며 완벽의 기준을 정하기도 한다. 하지만 그렇게 바라본 완벽한 타인도 들춰보면 부족함이 있거나 스스로 완벽하다고 생각하지 않는다는 것이 참 아이러니하기도 하다.

스스로 인정하는 '완벽하지 않은 기준'

완벽할 수 없는 일 또는 완벽하지 않아도 되는 일에 자기 나름의 기준을 만들어 남을 끼워 맞추거나 본인 스스로 그 기준에 맞추려고 힘에 겨운 분투를 하고 있다면 스스로 인정할 수 있는 완벽하지 않은 '기준'을 만드는 법을 권한다.

첫 번째 방법은 자신이 되고 싶은 '상(像)'을 고정해놓지 않는 것이다. 예를 들어 아이에게 좋은 엄마가 되고 싶어서 '좋은 엄마라면 이런 행동은 절대로 하면 안 돼' 하는 기준을 정하거나 '이런 정도의 행동은 반드시 해야 해'같이 '이런 정도'라는 기준을 정하는 일이다. 두 번째 방법은 '이 정도는 해낼 수 있어. 이번에는 이 정도 했으면 충분해' 하면서 완벽함의 기준을 상황에 맞게 조정하는 일이다.

다만 그 두 가지 기준선이 스스로 납득할 만한 정도의 기준은 되어야 하겠지만, 이 둘의 경우만 지켜도 '완벽함'에 대한 생각이 집착으로 흐르는 일은 없을 것이다. 우리의 정신건강을 지킬 수 있는 '완벽하지 않은 완벽의 기준'을 세우기 전에 해야 할 일은 조금 내려놓는 것이다. 그리고 다음 질문에 답해보자.

• 내가 생각하는 완벽한 관계란 무엇인가?

- 지금 나는 어떤 완벽함을 추구하고 있는가?
- 그 완벽함을 이루기 위해 나에게 상처를 준 일은 없는가?
- 있다면 어떤 일이고 그것은 어떤 상처를 남겼는가?
- 다음번에 똑같은 기회가 주어진다면 어떤 선택을 하고 싶은가?

위 질문들에 대해 충분히 생각했다면 이번에는 '내가 인생에서 가장 추구하고 싶은 가치의 필수적인 요소는 무엇인가?'에 관해 생각해보면서 다음과 같이 기준을 정리해보자.

일에 대한 가치와 기준

나에게 일은 어떤 의미가 있는가? 내가 의미 있다고 생각하는 일에 대해서 내가 느끼는 가치와 수행할 기준을 정하는 것이다. 예를 들면 그 일이 직업에 관한 것이라면 '이 일은 나에게 정말 의미 있는 일이야. 내 가족과 행복하게 살 수 있는 경제적인 밑거름이 될 수 있어. 이 일을 잘 수행하려면 평가 결과를 A로 유지해야 해. 그렇게 하기 위해서는 한 달에 한 번은 이걸 해봐야지!' 이런 식으로 기준을 정해보자. 그런데 만약 이렇게 결정한 일이 일반적으로 주위에서 일어나기 힘들고 달성하기 어려운 일이라면 다시 점검해볼 필요가 있다.

관계에 대한 가치와 기준

완벽한 관계는 없지만 그걸 추구하는 것이 잘못된 생각은 아니다. 관계에 대한 가치와 기준을 정하면 된다. '아이에게 완벽한 부모가 되어야만 좋은 부모인 것은 아니야. 완벽하고 철저한 부모보다 따뜻하고 즐거운 느낌을 주는 부모가 되면 좋은 거야. 즐거운 느낌을 주는 부모가 되려면 무엇을 할 때 즐거운지 아이에게 물어봐야지'라고 말이다. 완벽한 관계보다 행복감과 좋은 느낌을 주는 관계가 우선이다. 그렇게 하기 위해서는 상대방에게 질문하고 그 기준을 정하는 것이 중요하다.

행복에 대한 가치와 기준

'나는 언제 가장 행복한가?'라고 스스로 질문해보자. '내가 생각하는 행복은 돈이 많은 거야. 내가 생각하는 행복은 넉넉한 시간이 부여되었을 때야. 행복하게 살려면 건강이 제일 중요하지. 먹고 싶은 거 다 먹을 때 가장 행복하지. 돈이 많아도 건강하지 않다면 행복한 삶을 사는 게 아니야'라는 식으로 어느 것이 중요하고 어떤 가치가 우선인지 정하는 것이다. 이 모든 가치 있는 조건들이 한 번에 다 이루어지지 않는다 해도 그 중 하나라도 이룬다면 그건 행복한 것이라고 생각하자.

마음의 감기
_ 아무렇지 않은 듯 웃어넘기자

지금 하차할까? 말까?

"날씨는 참 좋네……." 무거운 노트북 가방이 어깨를 누른다. 귀에 꽂아놓은 이어폰에서 나오는 음악에 울컥 슬픈 마음이 든다. 곧 내려야 하는 정류장인데 버스를 내려야 할지, 내리지 않고 계속 가야 할지 고민이 된다. 이렇듯 날씨는 참 화창한데 내 기분은 그렇지 않은 날이 있다. 웃고 있는 사람들 속에서 나만 슬픈 마음이 드는 그런 날. 음악이 슬퍼서인지 내가 우울해서 그 음악에 눈물이 나는 것인지 알 수가 없다.

지나치다 할 정도로 열심히 살고 있지만 잘 살고 있는 건지 아니면 그냥 견디고 있는 건지 헷갈리고 '내가 지금 뭐하

고 있는 거지?' 하는 생각과 요즘의 생활이 참 버겁게 느껴진
다. 모든 것을 다 바로잡고 싶지만 무엇부터 어떻게 해야 할
지 모호하고 능동적으로 움직이는 것이 어렵다. 이런 생각들
은 결국 이런 마음이 들게 한다. "버스를 내리는 게 아니라 지
구를 하차하고 싶어."

감정은 서로에게 전염된다
:

살아가면서 '지친다'라는 생각과 '우울하다'라는 감정은 모
든 사람이 한 번씩은 느껴볼 것이다. 유년기도 노년기도 마
찬가지다. 생각과 고민은 내가 자라듯 세상 속에서 같이 자
라나면서 계속 따라다니기 때문이다. '이제 어떻게 하지?'라
고 스스로 되묻지만 아무도 도와줄 사람이 없을 때 우울이란
감정은 찾아온다. 일상이 답답하고 활기가 생기지 않고 마음
에 돌덩이가 있는 듯 갑갑한 느낌이 든다면, 그로 인해 자꾸
만 후회가 밀려오고 슬픈 감정이 든다면 그건 '마음의 감기'라
표현되는 우울함이 시작되는 것이다.

이런 우울함을 감추며 관계를 이어가는 사람들도 있다. 누
군가와 우울한 감정을 나누게 되면 내 어두운 부분을 알게 될
까 두려워서다. 그동안 쌓아둔 유쾌한 사회적인 인간관계에

서 '슬픔', '우울'이란 단어는 사람들을 멀어지게 하니까 말이다. 감정이란 서로 지속적으로 주고받다 보면 전염되기 때문에 내 우울함이 전염되어 함께하던 사람들이 점점 지쳐가거나 결국 나를 떠나가게 된다. 그러면 다시 홀로 남게 되고 다시 우울한 감정을 느끼게 되며, 마음의 감기를 넘어 마음의 병이 된다. 마음의 병이 되지 않기 위해서 어떻게 해야 할까?

우울의 시작은 수동적인 관계에서 온다
:

'식물이 잘 자라줘서 너무 기뻐', '입양한 강아지가 너무나 사랑스러워서 즐거워', '웃고 있는 아이가 귀여워서 기분이 좋아' 등 바라보는 시각에 의해 감정은 연속적으로 일어난다. 그러한 감정은 내가 선택한 감정이다. 하지만 세상을 살다 보면 그렇지 않은 상황이 찾아오게 된다. 나는 유쾌하고 평온한데 그 감정에 돌을 던지는 사람들 때문이다.

서로를 받아들이지 않고 감정을 소비하는 부모 자식 관계나 갑을 관계에 있는 상사와 직원 또는 사랑하는 사이에서도 강자와 약자가 나누어져 있듯이 감정에서도 그러한 관계가 있다. 그런 관계를 계속 유지하면 내가 어떻게 해도 관계가 나아지지 않는 그리고 나의 감정과 마음이 상대의 휘둘림에 따라 좌우되는 상황까지 가게 된다. 능동적으로, 적극적으로, 내가 무엇을 해보려고 해도 그 손아귀에서 빠져나갈 수가 없다.

지금 몸이 물에 젖은 듯 무겁고 마음에 갑갑함이 생기는데도 무력하다면 어떤 것에서 시작된 감정인지 생각해봐야 한다. 그 원인이 현재 함께하는 사람 때문인 과거의 일 때문인지 차분히 생각할 시간이 필요하다. 이때 너무 심각해지지 않길 바란다. 현재의 사람은 당신의 이 상황을 100퍼센트 이해하지 못할 것이고, 과거의 슬픈 일들은 그 일을 행한 사람과 상관없이 당신이 느낀 감정만으로 세월이 흘렀기 때문에 혼자만의 기억일 뿐이다. 심각해지면 한없이 심각해진다. 다만 인정할 것은 이 모든 상황은 당신이 원했던 것이 아닐뿐더러 당신이 주도적으로 만든 것도 아니라는 것이다. 타인에 의한 또는 타인과의 일로 인한 감정뿐이라는 것이다.

마음의 감기가 병이 되지 않도록 약 바르기
:

우울한 감정을 품고 사는 사람들은 모든 것을 운명으로 생각하는 경향이 있다. 모든 일에 의미를 부여하고 그에 따라 행동하면 그것은 운명이 되어버리고 만다. 낙담할 일이 계속되고 낙담하는 일이 잦아들면 우울로 이어지기 쉽다. 그러기 전에 조금씩 털어내자. 한 번에 상황을 바꾸는 드라마틱한 반전은 있을 수 없다. 사람은 그렇게 되기 어렵다. 자고 일어났는데 새로운 사람으로 변해 있는 경우는 없으니 말이다. 마음의 병으로 이어지지 않기 위해서 약간의 방법을 써보기를 권유한다.

몸이 건강해야 한다

참 쉬운 말이다. 몸부터 챙기라는 말. 하지만 쉽게 이룰 수는 없는 것처럼 몸 건강은 꾸준히 가꾸어야 한다. 무엇이든 잘 먹고 열심히 운동하는 것도 좋지만 움직이는 것 자체로도 힘들 수 있다. 따라서 조금씩 움직이자. 하루 한 끼는 꼭 건강하게 챙겨 먹고 밤샘은 하지 말자. 고민과 답답함으로 밤을 지새우지 말 것이며, 되도록이면 숙면하려 애쓰자.

마음 건강을 위해 비타민을 챙기자

비타민은 몸의 건강을 위해 먹는 약을 뜻하는 것이 아니다. 당신에게 비타민이 되는 존재를 찾으라는 것이다. 어떤 사람은 비타민 같은 음악을 듣고, 어떤 사람은 자신만의 안전지대, 즉 아파트 놀이터, 산책로 또는 집으로 가는 나만의 특정한 길 등을 걸으며 마음의 상처를 낫게 한다고 한다. 또 좋은 영화 한 편, 창밖으로 보이는 넓은 바다 풍경도 좋겠다.

위로를 받자

마음의 위로를 받기 위해서는 위로해주는 사람의 스킬이 무엇보다 중요하다. 하지만 그런 사람이 항상 주위에 있진 않다. 감정을 갉아먹는 사람들이 많아서 우울해질 때, 나에게 힘을 주는 사람은 어디 있을까 애써 찾지 말자. 있으면 좋지만 없다고 힘들어할 필요는 없다. 따뜻한 강아지를 안고 있을 때, 향기로운 꽃향기를 맡을 때, 햇살이 내리쬘 때 등 다양한 것들이 위로가 될 수 있다. 나를 안아주기 때문이다.

아무 생각 없이 웃어보자

인상을 쓰고 화를 낼 때 거울을 본 적이 있다면 내 얼굴이 어떤지 잘 알고 있을 것이다. 보는 것만으로도 힘이 든다. 아무렇지 않게 무심한 듯 웃는 것이 참 어렵지만, 거울을 보고 한번 웃어보자. 어떠한 의미도 부여하지 말고, 아무 생각도 하지 말고, 웃는 내 얼굴을 보자. 그게 시작이다.

내가 할 수 있는 방법으로 몸과 마음을 챙기고, 위로를 받자. 그 정도만 해도 된다. 이 정도로 시작해도 된다. 이렇게 조금씩 자신만의 방법을 찾고 능동적으로 움직이다 보면 지금보다는 좀 더 삶이 따뜻해질 것이다.

열등감
_ 인생이란 풍경 안에 놓인 나를 바라보자

혼자 긁고 혼자 상처내고
:

좋아하는 사람이 생겼다. 참 멋있는 사람이다. 그의 성격과 그의 일하는 모습과 그가 만나는 사람들마저도 모든 것이 다 마음에 든다. 나도 그에게 어울리는 사람이 되고 싶다. 그런데 그에게 A라는 사람이 나타났다.

"얼마 전에 A 팀장을 만났는데, 참 괜찮더라고."

"아…… 그래? 어떤 점이 괜찮았어?"

"나이는 되게 어린데, 스펙도 좋고, 행동력도 있더라고."

고민이 있다며 찾아온 후배의 이야기다. 자신이 좋아하는 사람에게 다른 상대가 생겼을지도 모른다며 걱정된다고 했다. 그런데 이야기를 다 듣고 보니 조금 이상했다. 좋아하는 사람이 A 팀장의 칭찬을 한 것은 알겠는데, 왜 후배는 이를 불안하다고 생각하는 걸까? 후배에게 물어보니 후배는 자신도 잘 모르겠다고 했다. 그러면서 조심스럽게 아마 열등감이나 질투를 하고 있는지도 모르겠다고 고백했다.

자신은 A처럼 어리지도 않고 스펙도 딸리고, 본인은 사려 깊고 배려심 있는 게 나름 장점인데 이게 과연 장점인지도 모르겠다고 했다. 어리고 좋은 스펙에 질투가 나는 것은 자신이 지금 어떻게 해도 가질 수 없는 것이라서 그런 모양이라고, 그러면서 이런 비교를 하는 자기 자신이 구차하다고 했다.

그리고 그 구차한 마음 때문에 호감을 가졌던 그 사람과의 관계도 그만 접고 싶다고 했다. 후배는 정작 상대방은 아무 말도 하지 않았는데 혼자서 속을 긁고 고민하다 결국 스스로 상처를 만들고 있었다.

타인의 모습을 거울에 담고 싶은 욕망
:

후배의 고민을 들으면서 나는 예전 내 모습이 떠올랐다. 열등감과 질투는 누구나 느껴보는 감정이니 말이다. 그런 이유에서일까? SNS를 하지 않은 지 참 오래되었다. 사람들과 소통하고 일상을 나누고 싶어서 시작한 다양한 채널들은 어느 순간 피로의 시작점이 되었다. 어떤 친구는 아이 학습을 위해 공부를 시작했다고 하고, 어떤 친구는 일하는 멋진 모습을 올린다. 어떤 친구는 가족들과의 화목한 모습을 올리고, 어떤 친구는 근사한 음식 사진을 매일 올린다.

속으로 '참 좋겠다. 참 멋지다. 참 부지런하다' 등 '참~'이라는 단어를 붙여가며 속으로 마음을 쌓다 보니 어느 순간 내가 참 부족해 보이는 것 같았다. 내가 이런 말을 하면 어떤 사람들은 "다 가졌으면서 무엇이 부족하냐?"라고 묻지만 마음의 공백은 언제나 있고 만족은 끝이 없기 때문인 것 같다. 내가 가진 것은 보지 못하고, 가지지 못한 것만 생각하니 자꾸만 눈길이 밖으로 간다.

다른 사람들의 좋은 것만 다 모아서 내가 가질 수도 없고 반대로 나만의 좋은 점도 있는데 그건 잘 보지 못하니 자꾸만 가지고 싶어 하는 욕망만 생기는 것이다. 또 그 사소한 부분에만 집중하다 보니 피로도만 올라간다.

나를 위해 타인을 부정하는 못난 얼굴

:

사람들을 많이 만나는 직업의 특성상 다양한 사람들을 많이 접한다. 대부분 정신적으로 건강하다. 하지만 그렇게 정신적으로 건강한 사람들 가운데 간혹 마음이 불편하거나 아픈 경우도 있다.

A 임원은 사회적으로도 성공하고 다른 분들이 많이 부러워하는 직책에 있었는데, 자신보다 학위가 높은 사람들에게 적대적인 열등감을 보이는 경우가 종종 있었다. 예를 들면 "석사는 아무나 하는 거잖아. 가면 뭐 공부하나? 대충 학위 따서 오는 거지 뭐" 이런 말들을 했다.

그분은 대기업에 공채로 입사해서 차곡차곡 자신의 경력을 쌓아 올린, 어떻게 보면 모범적인 답안처럼 직장생활을 한 분인데 최근 들어 석사, 박사 출신의 직원들이 많이 들어오면서 자신이 가지지 못한 학위가 불편했던 것이다. 타인의 삶을 알지 못하는 상황에서 깎아내리는 것은 객관적으로 보았을 때 열등감처럼 비친다. 잘 쌓아 올린 경력에 열등감이라는 단어는 참 어울리지 않는데 말이다. 왜 그러는 것일까?

열등감은 주인공이 되고 싶어 하는 열망
:

대학 시절, 아르바이트하다가 만난 B 친구가 있다. 지금과는 달리 사람 만나는 데 낯을 가리던 시절이었는데, 처음 보는 사람이나 여러 명과 이야기를 나누면 나도 모르게 얼굴이 발개지고 무슨 말을 해야 할지 몰라서 발을 동동거렸었다. 그런데 B는 달랐다. 처음 B를 본 사람들은 B를 조금 멀리했다. 과도하게 사람들에게 관심이 많고 사생활을 물어보고 관심을 두었기 때문이다.

사람과 사람이 처음 만나면 어느 정도 거리를 두는 것은 사회적인 예의이기도 한데, 그런 거 없이 개인적 공간(내 몸에서 30센티미터 이내 거리)으로 바짝 다가와서 말을 거는 B가 조금 부담스럽기도 했다. 그렇게 나는 B와의 관계에서 나 혼자서만 마음의 거리두기를 하고 있었다. 그런데 다른 사람들은 시간이 조금씩 지날수록 B랑 이야기 나누는 것을 즐거워하고 오히려 없으면 허전해하지 않는가?

B는 매장 문을 열고 들어오면 아주 큰 소리로 인사를 하면서 사람들에게 먼저 다가갔다. 평범한 외모였던 B는 다른 사람들에게 못났다라는 소리를 직접적으로 들어도 절대 위축되는 일이 없었다. 그냥 씩~ 밝게 웃었다. 그런 자신감을 가진 것도 참 부러웠다. '나도 사람들이랑 친해지고 싶은데, 왜 그렇게 못 할까?' 하는 생각은 은근한 열등감을 만들기 시작했다.

B처럼 이야기를 주도하고 싶고 관심받고 싶은데 잘 되지 않았다. 뭔가 매번, 나는 그 자리에서 엑스트라 같았다. 그런

기분이 참 별로였다. 그런 기분은 급기야 B를 깎아내리고 싶어 하는 열등감까지 만들어냈고, 점점 다른 사람들과의 관계도 멀어지기 시작했다. 내가 원하는 것은 그게 아니었는데 말이다. 왜 그랬을까?

사람들은 인생의 주인공이 되고 싶어 한다. 물론 내가 내 인생의 주인공이 되어야 한다는 것은 잘 알고 있다. 하지만 정작 내 인생의 주인공으로서 살고 있는 사람은 많지 않다. 알 수 없는 배앓이처럼 타인에 대한 질투와 스스로에 대한 열등감은 속을 태우고 몸을 부스러뜨린다. 타고 타다가 재가 되어버리는 것처럼 끝내 마음이 공허해진다.

적절하게, 적당하게 자신을 바로 보는 시선

:

모든 사람은 다 다르다. 주어진 환경도 타고난 성격도 통장의 잔고도 다 다르다. 그렇다고 해서 좀 더 많이 가진 사람, 나랑 다른 것을 가진 사람들을 보면서 내가 가진 것을 못났다고 평가할 필요도, 타고난 나의 본질을 버릴 필요도 없다. 어차피 안 버려지고, 어차피 바꿀 수 없는 부분이다. 타고났다는 것은 그런 것이다. 부정해도 그대로다.

그러나 그 상황을 바꿀 수 있는 방법이 있다. 바로 나 자신이다. 타고난 성격이 마음에 안 들고 온화하고 기품 있는 성격이 부러워서 열등감을 느낀다면 후천적으로 바꿀 수 있다. 급박한 상황에서 좀 더 차분하게 대응하는 연습을 하는 것이다. 외모가 그 사람보다 좀 더 멋지고 싶은데 성형으로도 안 된다면 외모를 커버할 수 있는 다른 무기를 만들면 된다. 그걸 매력이라고 한다. B는 그 매력이 있었다. 천하의 미모도 천하의 재력가도 따라올 수 없는 그녀 자신만의 무기, 그건 매력이자 자신감이었다. 자신의 매력을 찾는 일에 힘을 기울일 때다. 현실적으로 열등감 때문에 힘들다면 이를 극복할 수 있도록 다음과 같이 해보자.

나의 열등감을 카테고리로 분류한다

내가 평소에 주로 느끼는 열등감이 무엇인지 생각해본 후 카테고리 정해 분류한다. 예를 들면 학벌, 외모, 성격, 재력 등 말이다.

포기해야 할 것을 생각해본다

예를 들어 함께 사는 가족 자체가 열등감의 주원인이라고 해도 내 가족을 바꿀 수는 없다. 뉴스에서 볼 수 있는 연예인들의 '빚투(가족들이 낸 빚을 대신 갚아야 하는 상황)'처럼 내 인생뿐만 아니라 나 자신까지 망가지게 되는 원인이 가족이라면 약간의 거리를 둘 수는 있지만 말이다. 그리고 위안이 될지는 모르겠지만 화목해 보이는 가정들도 다 문제 하나는 가지고 있다.

노력하면 가질 수 있는 것을 정하자

만약 지금 경제적으로도 안정되게 그리고 건강하게 잘살고 있는데 주위 사람들보다 학벌이 떨어져서 괴롭다면, 그건 내가 바꿀 수 있다. 직장을 다니면서 대학을 다닐 수도 있고, 평생교육원을 통한 학습의 기회도 있다. 당장 학위를 가질 수는 없지만, 배우고 학습하고 일정 기간을 노력하면 가질 수 있는 것이다. 내가 가진 열등감을 성취로 전환할 수 있는 것은 내가 결정하기에 달렸다.

스스로 행동해야 한다

내가 노력하면 가질 수 있는 것들에 대해 목표를 세우고 행동해야 한다. 예를 들어 학력 콤플렉스 때문에 괴로워서 더 배우자고 결정했다면 어느 학교에 언제 들어갈지, 그러려면 지금 무엇을 해야 하는지 정해야 한다. 열등감은 늪과 같다. 거기 매몰되어 있으면 점점 빠져들어 헤어 나오기 힘들다. 꾸준히 노력해야 한다. 움직여야 한다.

모두가 각자의 무대에서 주인공임을 인정하자

:

단순히 나 자신만을 볼 때는 내가 삶의 주인공이 되기에 가지지 못한 것들만 떠오를 수 있다. 하지만 좀 더 멀리 떨어져서 나를 바라보자. 인생을 하나의 풍경처럼 생각한다면 그 안에 있는 나는 아주 작은 존재다. 하지만 그 풍경 안에 내가 없다면 그 그림은 완성되지 않는다. 나를 소중히 생각하되 나를 멀리서 바라볼 수 있는 시선도 가져야 하는 이유다. 인생이라는 풍경 안에서 주인공이 되어 나만의 인생 그림을 완성하자.

내가 무엇에 흔들리는지, 그로 인해 어떻게 망가지는지를 똑똑히 상기시키자. 그리고 그것을 분류하고 포기하고 버릴 것을 버리면 일단 속이 후련해진다. 그리고 그 후련한 마음에 알찬 계획을 세워보자. 내가 노력하면 가질 수 있는 것과 그것을 가지기 위한 행동을 시작하자. 그로 인해 얼마나 가슴이 뛰는지 느껴보길 바란다. 그렇게 된다면 갑자기 찾아오는 열등감 따위는 없을 것이다. 나는 나 자체로 매력 있는 소중한 사람이니까!

부정적 생각
_ 기억의 망각을 인정하자

기억의 오류는 누구에게나 있다

:

나는 밤이 되면 '오늘 나의 하루는 어땠지?' 하고 스스로 생각하며 하루를 돌아본다. 그러면 반성할 일도 생기고 '좀 더 잘해야지' 하는 생각도 든다. 그리고 좋았던 일도 생각나고 감사한 사람도 생각난다. '오늘 안부를 전하지 못한 사람들에게는 내일 연락해야지' 하면서 스케줄을 입력해두고 잠을 청한다. 그러던 어느 날 문득 이런 생각이 들었다. '아이의 하루는 어땠을까?' 아홉 살이 된 아이에게 질문을 던졌다.

"오늘 하루는 어땠어? 엄마는 말이야, 오늘 회사에서 새로운 일을 맡게 됐어. 그래서 기분이 좋아."

조금 뜸을 들이던 아이가 이렇게 말을 한다.

"엄마, 엄마는 좋은 일이 많아? 나는 하루에 한 가지씩은 꼭 안 좋은 일이 생겨."

아이도 자신의 좋았던 일을 말할 거라는 내 예상과 다른 답이 돌아와서 다시 물었다.

"어떤 일이 안 좋았어? 그래도 생각해보면 좋은 일이 더 많지 않아? 좋다고 생각할 만한 일들 말이야."

나는 마치 아이에게 꼭 모든 일을 좋게 생각하라는 것처럼 주저리주저리 말을 이어갔다. 그러자 한참을 듣고 있던 아이가 대답했다.

"엄마 나는 정말이지, 매일 안 좋은 일이 있어."

"그래도 그중 하나는 좋지 않을까?"

"아니야. 어제도 그랬고, 내일도 그럴 거 같아. 그리고 저번에 남산타워에서도 그랬었잖아."

그래, 남산타워. 나도 기억한다. 나는 아이에게 좋은 추억만 주고 싶었다. 맞벌이였지만 시간이 날 때마다 아이를 데리고 어디든 다녔다. 그날은 남편이 운동하러 가느라 말 그대로 독박육아였는데, 그날따라 가까운 곳 말고 어디론가 떠나고 싶었던 것 같다. 언젠가 아이가 "엄마, 우리 유치원 선생님, 남산타워 간대"라고 말한 기억이 났고, 우리도 가보자 했다.

오랜만의 나들이에 설렘을 안고 대중교통을 이용해 남산타워로 이동했다. 그러나 걸음이 빠르지 않고 수시로 멈춰서서 힘들다고 하는 아이를 업어야 했다. 그렇게 아이와 함께 갔던 남산타워. 도착하니 단풍도 참 이쁘고 기분도 좋았다. 힘들게 아이를 업고 이동한 시간을 보상받는 것처럼 느껴졌다. 사진도 많이 찍고 좋았던 기억이 가득한데, 문득 아이의 말을 듣자 좋지 않았던 일이 하나 생각났다.

아이가 먹고 싶어 하던 탄산음료. '그래, 이런 날 먹어야지. 너 먹고 싶은 거 엄마가 다 사줄게' 하면서 제일 큰 컵으로 음료를 주문하고 그 큰 컵을 아이에게 건네줄 때 아이가 얼마나 행복한 표정을 지었는지 아직도 기억이 생생하다. 아이에게 큰 음료수를 맡기고 잠시 화장실을 갔는데, 갑자기 밖에서 엉엉 우는 소리가 들렸다. 달려나가 보니 그 큰 음료수가 바닥에 떨어져서 우는 것이 아닌가. 평소 먹지 못하던 탄산 음료를 맘껏 먹을 수 있는 기회였는데 그 음료가 바닥에 떨어졌으니 얼마나 속상했을까. 숨이 넘어갈 것처럼 우는 아이를 달래고 그 이후 기분을 회복시켜주기 위해서 얼마나 많은 이야기를 했는지 모른다.

좋은 날씨 이야기도 하고, 필요 없는 타워 기념품도 잔뜩 사버렸다. 시간이 흐른 후 남산타워 이야기를 하면, 그렇게 날씨도 좋았고, 타워 기념품 쇼핑도 좋았는데도, 내가 기억하는 좋은 기억 대신 아이는 그 음료를 쏟아서 엉엉 울던 기억만 나는가 보다. 기억과 추억을 부정적 사건으로 남기는 것은 좋았던 기억을 야금야금 없애버리는데, 그런 상황이 우리 아이에게도 자주 일어나는 것 같았다. 이제는 어느새 습관이 되었는지 하루의 사건 중 좋지 않았던 기억을 다시 되새기며 왜 항상 안 좋은 일만 생기냐며 투덜거리거나 때론 슬퍼한다. 함께 만들고 나눈 기억인데 아이는 음료를 쏟았던 그 일을 기억의 서랍 속에 넣었나 보다.

나는 기억되는 사건을 다시 꺼내볼 수 있는 뇌의 회로를 '기억의 서랍'이라고 하는데, 기억을 서랍에서 꺼내어 다시 서랍으로 넣는 작업을 하다 보면 그 기억들은 강화되기 마련이다. 때로는 꺼낸 기억을 다시 서랍에 넣지 않기도 한다. 어떤 사람은 기억의 서랍을 장기기억과 단기기억으로 나누기도 한다. 장기기억은 서랍에서 꺼내어 다시 보고 다시 넣어두고를 반복하는 것이다. 서랍에 넣어두면서 오랫동안 자신의 기억으로 남긴다.

그런데 그러한 기억의 서랍을 부정적 기억을 저장하는 데 사용한다면 그리고 앞으로도 여러 기억을 부정적인 기억으로 만들어버리는 매개체가 되어버린다면 어떨까?

부정적 기억은 내 입장에서 쓴 시나리오

:

"인생의 첫 기억이 무엇인가요?"라고 사람들에게 물으면 가장 어렸을 때 자신이 경험한 일들에 대한 기억을 더듬더듬 끄집어낸다. 내가 하는 첫 기억은 도로 옆 하천이 흐르는 보도블록이다. 그 보도블록 사이 아래로 하천이 흐르는 모습을 구경하다 블록에 내 양다리가 끼어서 피가 났다. 엄마가 놀라서 뛰어왔던 것 같다. 무섭고 겁이 났던 것이 기억이 난다. 엄마가 달려와 나를 달려주었을 텐데 그건 기억이 잘 나지 않는다. 철저히 내 입장에서만 기억하는 것이다. 엄마에게 그 일을 물어보면 그때 그렇게 크게 다치지 않았고, 집에 돌아와 치료하고 흉터도 남지 않았다고 했다. 엄마도 나도 둘 다 똑같이 그 일을 기억하지만, 분명 그 기억에는 차이가 있다. 사람하고의 관계에서도 마찬가지다.

"그때 네가 그랬잖아."

"내가 언제 그랬어?"

"그때 정말 기분 나빴어."

"그럼 그때 말하지, 왜 지금 말하냐?"

"지금도 넌 변한 게 없어. 거 봐, 그때나 지금이나 똑같이 말하잖아."

우리는 동일한 일에도 각자 자신만의 시나리오를 쓴다. 부정적 생각이 부정적 기억으로 남아서 서랍을 넘나들다 이제 그 서랍에서 꺼내보지 않아도 그 서랍 안이 훤하게 보여서, 다른 사람들도 알 정도가 되면 그때는 그게 흉터처럼 남아버린다.

그런 기억은 자꾸만 강화되어 비슷한 상황에서 또는 부정적인 생각을 하지 않아도 되는 상황에서도 결국 그런 감정을 만들어버리고 만다. 관계도 틀어진다. 원하지 않는 결론이지만 그 흐름대로 따라가게 된다. 그래서 주의가 필요하다.

기억의 망각을 인정하자
:

직장생활을 오랫동안 하다 보면 그 안에서도 여러 사람을 만나게 된다. 그중 내가 사회 초년생일 때 나를 아주 엄격하게 대하는 선배가 한 명 있었다. 그 선배를 만나면 가슴이 두근거리고 무엇을 말해야 할지 몰랐다. 내가 보고서를 쓰게 되면 잘한 부분보다는 "그래 노력은 했는데, 이건 좀 그렇네. 전체 다 다시 써야겠다. 다음부터는 좀 잘 써" 식으로 항상 평가받고 혼났던 것 같다. 지금은 일을 잘한다는 소리를 듣는 오래된 경력자이지만 나도 그런 시절이 있었다. 모르는 게 참 많았던 시기였다.

얼마 전 사회 초년생인 후배가 들어왔을 때, 내 예전 모습이 생각나서 참 잘해줬다. 말할 때도 좀 더 생각해보고, 뭐가 더 필요한지 물어보았다. 그와 좋은 관계를 유지하며 대화하는 것이 참 기분이 좋았다. 그런 일상을 보내다 문득 그 선배가 생각이 나서 아주 오랜만에 연락을 해보았다. 연락을 하기 전 조금 망설인 것도 사실이다. 나에게 엄격한 선배였기에, 전화하는 거 자체가 용기가 필요했는지도 모른다.

"선배, 안녕하세요."

"어! 진짜 오랜만이다(아주 밝게). 어떻게 지내? 회사에서 일 잘한다고 소문났던데, 예전에도 그랬지만 지금도 완전 멋지다. 잘 지내지?"

내가 예상했던 시나리오(그냥 일반적으로 감흥 없이 전화를 받을 거라는 생각)와는 다르게 들뜨고 활기찬 목소리의 선배는 내 직장생활에 대해서 말하며 '예전에도 참 일 잘했었는데'라고 나를 기억했다. 과거의 그 엄격한 선배의 모습은 없었다.

"참, 그때 어머니 조금 아프셨잖아. 지금은 괜찮으시지?"라고 묻는 선배의 질문에 '우리 엄마 일도 기억하고 있구나' 하는 생각이 들었다. 그리고 고마웠다.

'맞아, 그때 엄마가 아파서 병원에 있을 때 엄마 걱정을 많이 해주었던 선배였지…….' 나는 그 선배를 기억할 때 나에게 엄격하고 혼내기만 한 선배로 기억했는데 선배는 아니었나 보다. 다시 곰곰이 생각해보니 아픈 엄마를 걱정해준 부분도 있었던 것이다. 나는 좋았던 일은 잊어버린 것이다. 잊어버리고만 것이다. 다시 생각해보면 내가 갖고 있던 그 선배에 대한 기억은 일상의 한 부분이었는데, 그 사람과의 관계를 부정적인 관계로 단정짓는 한 사건만 기억에 남겨 버린 것이었다. 만약 관계에서 안 좋은 일만 생각난다면 혹시 내가 좋았던 기억을 망각하고 있는 것은 아닌지 한번 돌아볼 필요가 있다. 때로는 '기억의 망각'을 인정하는 것, 나의 기억과 당신의 기억이 다름을 인정하는 것이 필요하다.

부정적 기억이 내 미래를 먹어버리지 않도록
:

"안 좋은 일이 연속적으로 생겼다. 그것도 하필 오늘 나에게." 대부분이 '머피의 법칙'이라는 말을 들으면 부정적으로 인식한다. 하필 내가 그 버스를 탔고, 하필 그 버스가 고장이 났고, 모두가 넘어졌는데 하필 나만 다쳤고, 그날은 하필 면접 보는 날이었고, 하필 새 옷이 찢어졌고. 뭐 이런 뭐 같은 날이 연속적으로 되는 날.

그런데 영화 〈인터스텔라〉를 보면 '머피의 법칙'의 의미가 조금 다르다. 영화에서 주인공 쿠퍼의 딸 머피는 자신의 방책꽂이에서 떨어진 책의 앞 글자를 조합해서 'Stay'를 찾아내고, 쿠퍼의 우주행을 필사적으로 막는다. 하지만 쿠퍼는 그 말을 무시하고 우주행을 감행하고, 블랙홀에 빠진 상태에서야 그 상황을 다시 보며 후회한다. 머피의 말을 들었더라면 아주 기나긴 세월 동안 서로 못 만나는 상황이 만들어지지 않았을 텐데 말이다. 하지만 아무리 머피가 말렸더라도, 쿠퍼가 생각하고 추진했던 습관화된 일들이 우주행을 하도록 이끌었을 것이다. 쿠퍼가 머피에게 이렇게 이야기한다.

"머피의 법칙은 나쁜 일이 일어난다는 게 아니야. 일어날 일은 일어난다는 의미지."

어떤 사건을 부정적인 기억의 서랍에 넣어두고선 때때로 꺼내보고, 다음번 비슷한 상황이 생겼을 때 그 부정적 기억에 대처한 부정적 경험을 다시 적용한다면, 또다시 안타깝고 부정적인 사건이 될 수밖에 없다. 그렇게 되면 부정적인 기억이 반드시 일어날 일, 즉 부정적 사건으로 이어진다.

부정적인 기억과 그 기억으로 인해 내가 행동하는 부분이 습관이 되어버리면, 그 습관이 다시 부정적인 사건으로 일어나게 되는 돌고 도는 일이 생긴다. 이 글을 읽은 후에는 당신만의 새로운 '머피의 법칙'을 만들어보길 바란다. 좋은 기억이 쌓여서 좋은 일들로, 반드시 일어날 일들로 생기도록 말이다.

스트레스
_ 관점을 바꾸자

정신을 너덜거리게 만드는 스트레스
:

그 회의만 다녀오면 머리가 아프다. 나는 대인관계에서 크게 문제도 없었고, 직장생활을 하면서 목소리를 높인 적도 없다. 그런데 그 회의에서는 왠지 바보 취급을 당하는 것 같고, 그렇게 취급당하는 게 싫어서 이를 악물고 견뎌야 했다. 그리고 간혹 목소리를 높이기도 했다.

간단한 문제인데, 원인을 지속적으로 오랜 시간 동안 파악하는 쳇바퀴 같은 회의는 정신을 너덜너덜하게 만들었다. 3개월 동안 회의를 견딘 나는 결국 병이 생겼다. 가슴이 뛰고 머리가 아프고 앉아 있을 수가 없었다. 회의에 참석하지 않아도 수시로 들어오는 전화, 그 번호만 봐도 심장이 뛰었다. 피할 수 있으면 피하고 또 도망가고 싶다. 확 그냥 상대방을 한 대 치고 도망이라도 갈까 싶다가도, 상대방에게 쌓인 감정이 그 정도는 아니기에 그렇게 행동하면 미친 사람 취급 당할까 싶어 그냥 그날도 참았다. 매일을 그렇게 참았다. 그런데 가끔은 가슴이 심하게 쿵쾅쿵쾅거린다. 이러다 내가 정말 한 대 처버리지는 않을지 또는 이러다 이 자리를 박차고 나가버리는 건 아닌지 두려워진다.

스트레스라는 것이 약간은 필요하다고 한다. 일에 대한 목표 달성을 위해서는 어느 정도 견딜 수 있는 팽팽한 느낌이 있어야 자꾸만 몰려오는 잠을 이기고, 적당한 '열심'을 실천하여 목표에 달성하도록 도와주기 때문이다. 그런데 나는 가끔 궁금하다. 도대체 그 약간은 어디서 어디까지일까? 목표 달성을 위한 좋은 스트레스의 기준은 무엇일까?

스트레스는 결국 무엇이든 다치게 한다
:

"왜 이렇게 우울해 보여?"
"스트레스가 쌓여서 미칠 거 같아요."
"왜 이렇게 술을 많이 마셔?"

"스트레스가 쌓여서 술 한잔했어요. 더 마실 거예요."

"왜 이렇게 요즘 예민해?"

"스트레스가 쌓여서 예민해서 그랬나 봐요. 소리 질러서 미안해요."

이런 글을 읽다 보면 누구나 떠오른 기억이 하나쯤은 있을 것이다. 회사에서 상대방을 너덜거리게 만드는 사람도 물론 스트레스가 있을 것이다. 그 사람도 윗사람에게 압박을 받으니 그걸 해소할 상대 아니면 압박할 상대가 필요했을 것이고, 결론적으로 약자에게 소리를 지르거나 압력을 가하게 되는 상황이 발생한 것이다. 그렇게 압력을 받는 사람은 더 큰 스트레스를 받을 것이고 말이다. 그럼 또다시 그걸 받은 사람도 더 낮은 사람에게 풀게 될 것이다.

10년 전쯤이었다. 회사 내에 얌전하고 말수도 적은 분이 있었다. 일을 할 때에도 항상 미소 짓고 묵묵히 일했는데 가끔 고객과 통화할 일이 생기면 많이 힘들어했다. 누구에게도 힘들다고 말하지 않고 고객과 통화가 끝나면 그냥 밖으로 나가서 바람을 쐬고 왔다. 그래서 주위에서도 '그냥 그런가 보다'라고 생각하며 크게 문제로 인식하지 않았는데, 어느 날 그분이 회사에서 쓰러지는 사건이 일어났다. 스트레스와 과로 때문이었는데, 그 뒤로 몸 한쪽이 마비가 되어서 회복하는 데 오랜 시간이 걸렸다. 스트레스를 자신의 몸으로 감당하기만 하려고 하다 몸이 망가진 경우다.

또 다른 예로는 밖에서 무시만 당하던 가장이 술을 잔뜩 먹고 들어와 만만한 가족들, 즉 자신의 입장에서는 약자인 가족들에게 소리를 지르거나 학대를 하는 경우도 있다. 그렇게 스트레스를 푸는 것이 만성이 되어버린 그 사람은 이제 당연히 그렇게 풀어야 하는 불쌍한 사람이 되어버리는 것이다.

배우자가 늦게 들어와서, 배우자가 가정에 관심이 없어서 속상한 나머지 그런 것을 아이에게 푸는 부모도 있다. 그 감정은 정말 견디기가 힘들다. 남편에게 화가 나면 "너네 아빠"라고 아이에게 표현하고, 아내에게 화가 나면 "네 엄마는 원래 그렇잖아"라고 한다. 어른이 견뎌야 할 스트레스를 아이에게, 즉 약자에게 푸는 것이다.

그렇다면 약자는 어떨까? 아이가 풀 수 있는 상대는 강아지나 인형이나 놀이터가 될 수 있고 다른 무엇이거나 아니면 스스로가 될 수 있다. 결국 누군가 스트레스를 받게 되면 그것으로 인한 불편한 감정과 부적절한 행동으로 인해 다른 누군가는 상처를 받게 된다. 다치고 만다. 그리고 그 대상이 자신이 될 수도 있다.

일이 더 커지기 전에 올바로 바라보자

:

무엇 때문에 스트레스가 쌓이냐고 물었을 때 명확한 이유나 원인이 있는 경우도 있고 그냥 기분이 그럴 수도 있다. 또는 그런 안 좋은 일들이 쌓였을 수도 있다. 사람마다 성격도 다르고 살아온 환경도 다르다. 따라서 스트레스가 쌓이는 일에 대한 민감함과 저항도 다 다르다.

어떤 사람은 철봉에 오래 매달리기 하듯이 견디는 사람이 있고, 어떤 사람은 100미터 달리기하듯이 가지 말아야 할 곳으로 전력 질주하는 사람도 있다. 어떤 사람은 오랜 시간 동안 잠을 자기도 하고, 어떤 사람은 폭식하기도 한다. 다시 말해 안으로 참아내듯이 견디거나 밖으로 내뱉듯이 표현하거나 두 가지 중 하나다. 성격 따라 표출 유무도 그 시기도 강도도 다르겠지만 모두가 인정하는 것은, 누구나 한 번쯤은 스트레스로 인해서 폭발해본 적이 있다는 것이다. 그게 어느 정도, 몇 번의 횟수인지는 다르겠지만.

또 한 가지 우리가 경험해본 것은 스트레스로 인해서 폭발했을 때 누구나 후회를 한다는 것이다. 스트레스를 준 사람에게 속 시원하게 내질렀는데도 내가 좀 심했나 싶은 생각이 든다면 그건 이미 후회하고 있다는 것이다. 문제는 말과 행동은 다시 주워 담을 수 없고, 가끔은 그런 것에 쾌감을 느껴

그런 사람이 되어버리기도 하는 것이 아주 큰 문제가 될 뿐이다.

그렇기에 우리는 원인에 대해서 고민해봐야 한다. 내가 지금 가슴이 뛰고 혈압이 오르고 견디다 견디다 무기력해질 때까지 가기 전에 올바로 봐야 한다. 나는 지금 무엇 때문에 스트레스라는 것을 느끼는 것인가? 그리고 스트레스를 받는 상황에 매번 이런 생각을 하는 것보다는 주기적으로 나를 돌아보는 것이 필요하다. 요즘 나의 상태 또는 내가 압박을 받는지 내가 편안한지 등을 똑바로 바라보는 것이다.

내가 느끼는 감정을 다시 정의하자

:

"아. 정말 저 인간 때문에 돌아버리겠어. 일을 해결하자는 거야 아니면 나를 말려 죽이려는 거야."

업무적 압박을 주는 사람으로 인해 스트레스가 있는 사람이라면, 상대방을 저주하는 것까지는 아니라도 속으로 욕은 해봤을 것이다. 그러고 나면 순간적으로 풀리겠지만 계속되면 결국 지친다. 나아지는 것은 없기 때문이다. 그럴 때는 속으로 욕하기 전에 '지금 저 사람이 하는 말들은 나를 질책하는 거 같고 나를 무시하는 거 같아서 울컥해. 속이 부글부글

끓는 것 같아'라고 감정을 정의해보자. 이 과정은 연습이 필요하다. 인간은 감정의 동물이라, 그 감정이라는 것을 이성적으로 다시 정의하며 덧씌우는 게 참 어렵다. 이성적 생각은 차분히 생각할 시간이 필요하고, 감정은 순간적으로 느껴지는 것이기 때문이다. 하지만 나의 감정을 정의하고, 그 정의된 부정적인 감정을 '꼭 그런 것만은 아니다'로 재정의할 필요가 있다.

예를 들어 같이 일하는 선배가 "일처리 누가 했어?!"라고 말하며 책상 위에 서류를 세게 내려쳤다고 해보자. 그리고 후배인 나는 기가 죽은 상태로 "제가 했어요……"라며 고개를 숙인 상황이다. 이런 상황에서는 다음과 같은 감정과 생각이 들 수 있다.

'지금 내가 일 못한다고 나를 무시하는 건가?'

'저번에도 그러더니 이번에도 그러네. 그럼 방법을 알려주든가.'

'정신 차리고 일하라고? 너나 정신 차려. 일하는데 정신 차리라는 말을 이런 식으로 해야 해? 진짜 기분 더럽네.'

이런 생각들은 상대방을 째려보거나 상대방에게 소리를 지르거나 상대방을 한 대 치거나 상대방을 결국 피하게 되거나 하는 행동으로 이어지게 된다. 나를 무시한다는 생각이 들기 때문이다. 그런 행동이 일어나기 전에 이런 감정과 생각을 재정의해보자.

올바로 바라보기
상대방이 나에게 정신 차리고 일하라고 말한다.

감정 정의하기
정신 차리고 일하라는 말이 나를 무시하는 것처럼 들린다.

생각 정의하기
상대방은 일처리가 잘 안 되어 화가 난 것 같다. 화가 난 표현에 대해 내가 동일하게 받아칠 필요는 없다. 그 표현이 기분이 나쁘다고 이야기해야겠다.

이렇게 차례대로 생각하고 재정의하면 해야 할 행동이 정해진다. 이렇게 나오는 행동은 순간적인 감정으로 치우쳐 있지 않다. 따라서 후회가 적다. 더 이상 지치기 전에 스트레스가 번아웃으로 가기 전에 조금 브레이크를 걸고 다시 한번 상황을 살펴보길 바란다.

외로움
_ 외로움이 뭐냐고 묻자

나는 외로워서 중독이다

:

나는 일하는 게 참 좋다. 그래서 일을 많이 하는 편이다.
잠을 줄이고 항상 머릿속에 '무슨 일을 할까' 등 내가 하는 일
에 대한 새로운 생각을 하고 실천을 통해서 손과 발이 바쁜
나날들이 참 좋다. 그런 나를 보고 어느 대표님이 물었다.

"왜 그렇게 열심히 일하세요?"

"외롭지 않으려고요."

"네? 외롭지 않으려고 일을 한다고요?"

"네. 저는 가만히 있는 게 너무 외로워요."

왜 이런 말이 불쑥 나왔을까? 나를 잘 모르는 사람들과 이

런 외로움에 관한 이야기를 나누면 사람들은 의아해한다. 외로워서 일 중독이라니! 그런데 아이러니하게도 일을 통해서 나를 바쁘게 움직이지 않으면 그 순간을 견디지 못하는 나이기에 나는 '일'로 도피하는 것이다. 20년 지기 친구에게 이 일을 이야기했더니 이런 대꾸가 돌아왔다.

"풉. 나는 완전히 이해해. 김미애는 원래 그렇지. 뭔가 너무 많은 일을 벌여놔서 그게 감당이 안 되는 사람이잖아. 오히려 쉬고 있으면 못 견디고. 그런데 그런 널 보면서 나도 뭔가 해보려고 노력하긴 해." 나는 외로워서 일에 중독되었다. 외로움을 느끼지 않으려고, 쉬고 있으면 견디지 못하는 인간이어서 자기 계발이든 운동이든 항상 무엇을 하려고 한다. 그를 통해서 내가 가치가 있는 사람이 되려고 노력한다. 그리고 그런 행동을 통해서 외로움으로 인해 생겨나는 2차적인 감정을 이겨내는 것 같다.

나에게 그리고 당신에게 외로움이란?

집필을 하다 글이 안 써지는 순간이 있었다. 무슨 이유일까? 쓸 말, 할 말은 많은데 괜찮은 문장만 쓰고 싶다는 마음이 생겨나고, 자꾸만 문장을 아끼게 되고 단어를 선택하는데 고민이 깊어진다. 글에 '멋'이라는 것이 있었으면 하는 욕심까지 생기기 시작했다. 이 글을 쓰는 시기에 내가 외로움이라는 감정을 느끼면서 본질적인 것에 대한 깊은 고민과 성찰의 시간을 가져서인지, 마음 가는 대로 내 뜻대로만 쓰고 싶지 않았다. 그리고 내가 느끼는 이 외로움을 다른 사람들은 어떤 감정으로 느끼고 있는지 문득 궁금해졌다. 그리고 한편으로는 이 시간이 어려웠던 것은 내가 알고 있는 외로움이, 내가 느끼는 외로움의 실상이 타인에게는 참 보잘 것 없지 않을까 하는 생각에서였다. 또는 징징거리는 감정처럼 보일까 싶어서였다. 그래서 인터뷰를 시작했다.

"외로움이 뭐라고 생각하세요?"

나의 이런 질문에 이상하게 쳐다보는 사람도, 뭐라 말해야 할지 모르겠다는 사람도 있었다. 그런 사람들에게 그냥 가볍게 한 번 더 질문을 던지면 차츰 마음의 무언가를 꺼내듯 조심스럽게 외로움에 관해 이야기하기 시작했다. 겉으로 보이는 표면적인 외로움과 또는 자신을 외롭게 만드는 사람과 그 느낌들에 대해서 말이다.

"외로움은 인간이라면 다 가지는 감정 아닌가요? 뭘 새삼."

"여러 명과 같이 있는데 나 혼자만 따로 노는 거 같은, 왕따는 아닌데 그냥 어울리기 싫고 그럴 때 있잖아요. 그때 문득 외롭다고 느껴요. 자발적인 외로움이랄까?"

"사진을 찍었는데, 예전의 내 모습과 다르게 늙어 보일 때, 이렇게 세월이 가는구나 생각하면 마음이 외로워요."

"부재가 있을 때요. 예를 들면 사랑하는 사람이 있다가 없으면 너무 허전하잖아요. 아예 처음부터 없었으면 몰라도 있다가 없으면 그 허전함을 견딜 수 없어요. 외로워서 미쳐버리는 거죠."

"집에 가기 싫어서 주위를 맴도는데 포장마차에서 사람들이 모여서 한 잔씩 하는 모습을 볼 때요. 나도 오늘 같은 날 저런 친구 하나 있으면 좋겠다는 생각이 들 때…… 그때 외로운 거 같아요."

"SNS 친구는 엄청 많은데, 막상 마음을 터놓을 사람이 없을 때 외로워요."

"친한 사람이라고 생각해서 내 마음을 줬는데, 그 사람의 앞과 뒤가 다를 때 참 외로워요."

"사랑한다고 생각했는데, 그 사람은 내가 자기를 사랑하는 것보다는 나를 덜 사랑하는가 봐요. 참 외로워요. 같이 있는데도 외로운 거면 다른 사람 만나야 하는 거죠? 참 웃긴 게 결국 그 사람 때문에 외로워서 다른 사람을 만났는데, 그가 자꾸 더 생각나서 괴로워요."

"자취방 문을 열었는데, 문득 텅 빈 방을 보면 외로워요."

"가족들하고 있으면 그 속에서 더 외로워요."

많은 사람과 이야기를 나누면서 과연 외로움이 무엇일까 생각을 해보았다. 그런데 문득 이런 생각이 들었다. '외로움은 당연하다. 외로움은 누구에게나 당연하다.'

외로움의 시작은 어디일까?

이어령 선생님의 《이어령의 마지막 수업》(김지수, 이어령, 열림원, 2021)을 보면 외로움에 대해 언급한 내용이 있다.

"나 좋다는 사람은 많지 않아. 모르는 사람은 좋다고 하지만 나를 아는 사람들은 나를 다 어려워했어. 강의실에 학생들이 가득 차도 스승의 날 카네이션은 다른 교수에게 주더구먼. (중략) 섭섭했지. 그래서…… 외로웠네."

강의장에 모인 학생들이 선생님을 존경하고 사랑했지만, 표현을 하지 못한 것일 수 있는데, 받아들이는 선생님 입장에서는 외로웠겠다는 생각이 들었다. 내가 그렇게 사랑을 주어도 내 아이가 "엄마가 항상 곁에 없어서 난 가끔 외로워" 이렇게 말하는 걸 보면 외로움은 누구에게나 어떤 이유로 또 어떤 상황으로 닥쳐지는 일인 것 같다. 그걸 내가 느끼느냐 모르는 척하느냐의 선택일 뿐이다. 인간은 본연적인 외로움을 갖고 태어난다. 태어나는 그 순간에도 엄마와 한 몸이었다가 떨어져 나가 홀로 세상으로 나온다. 그 순간을 어떤 이는 굉장한 스트레스라고 표현하고, 어떤 이는 인간의 본연적인 외로움의 시작이라고 한다. 깊이 있게 생각하지 않아도 한 몸이었던 두 사람이 분리된다는 것은(서로 간의 조건 없는 사랑이 있다는 전제하에) 외로움이며 슬픔의 시작이다.

외로움 속으로 뚜벅뚜벅 걸어 들어가자
:

외로움의 사전적 의미는 '홀로 되어 쓸쓸한 마음이나 느낌'이다. 혼자 있을 때 외로움을 느낀다는 것이다. 혼자 남겨진다는 것. 그것은 물리적으로 혼자 고립되는 것을 의미하지만 함께 여럿이 있는 자리에서 혼자 남겨진 것 같은 사회적 외로움도 포함한다. 어쩌면 여러 명 속에 나 혼자만 떨어져 있다는 생각과 어울릴 수 없다는 그 상황이 나를 더 외롭게 만들지도 모른다.

'내가 어떻게 다가가더라도 나를 받아들이지 않을 것 같은' 느낌과 반대로 '나는 너희와는 달라. 나 혼자서 외로워할 거야'라는 방어막을 치는 행동은 외로움으로 인해서 나타나는 괴로움을 차단하기 위해서 일어나는 것이다. 외로움은 괴로움을 따라오게 만든다. 그래서 그걸 피하려고 어떤 사람은 일을 하고 어떤 사람은 도망간다. 또 어떤 사람은 취하고, 어떤 사람은 고립된다. 어느 날, 맛있고 분위기 좋기로 유명하다는 '청수당'이라는 핫한 커피숍에 간 적이 있다. 모두가 두 명 아니면 세 명, 다들 커플처럼 다정한 움직임들이다. 그들 속에서 혼자 멍하니 앞을 보며 앉아 있다가 커피를 주문하러 갔다. 2인분이라서 많을 거라고 말하는 직원에게, 혼자 먹고 남겨도 되니 주문하겠다고 말한 오리지널 카스테라와 계란커피를 주문하고는 또다시 멍 때리기 시작했다.

'참…… 이렇게 멍하게 있었던 적도 없었지. 항상 어떤 고민을 하거나, 생각을 하거나 뭔가 일을 했었지' 하는 과거가 떠올랐다. 사람들은 웃으며 즐겁게 서로 눈을 마주치며 좋아한다. 나는 혼자 웃을 수도, 무엇을 보고 즐거워할 수도 없다. 그저 멍하니 있을 뿐. 그리고 외로움과 함께 괴로움이 찾아왔다. '이런 기분 참 싫은데……' 하는 찰나 진동벨이 울리고, 주문한 카스테라와 계란커피를 받아들었다. 커피를 한 입에 후루룩 마시고, 갓 구운 카스테라에 꿀과 호두를 조금 넣어서 입 안으로 넣어버리는 순간, 따뜻한 온기가 퍼지고 달달하니 미소가 번진다. '아, 이런 느낌도 참 좋구나.' 외로움이 어디로 간 듯 사라지는 찰나다. 모두가 웃고 즐기는 자리에서, 혼자

묵묵한 표정으로 글을 쓰고 있는 나는 다른 사람이 보기에는 외롭게 보일 수도 또는 이상해 보일 수도 있지만, 누가 어떻게 생각하든 나의 외로움으로 인한 괴로움은 사라졌다.

글을 쓰고 차를 마신 지 시간이 조금 흘렀다. 저녁 먹을 시간이 다 되어가서 그런 건지, 사람들이 한둘씩 자리에서 일어나기 시작한다. 앞뒤로 양옆으로 있던 사람들이 빠지기 시작했다. 또다시 외로움이 찾아왔다. 하지만 외로움에 대응하는 내 마음은 달라졌다. 하나둘 커피숍 손님들이 나가도 나는 여전히 여기 있다. 사람들이 와글와글한 커피숍 안에서 혼자 있는 것도 외로웠지만, 그 사람들이 없고 혼자만 남겨졌다고 해서 더 외로우랴. 나는 자발적인 외로움을 즐기기 시작했다.

같이 있어서 외로운 사람은 버려라
:

내가 선택한 자발적 외로움이 아닌 함께 있어도 외롭게 만드는 사람이 있다. 어느 날 친구가 말했다. "남자친구를 만나고 오면 더 외롭고 기운이 처지는 것 같아." 연애를 하고 있는데도 매번 그를 만날 때마다 외롭다는 것이다. 함께 있는데도 외롭다는 것은 함께 있을 때 상대방에게 충실하지 않거나, 함께 있어도 상대방을 불안하게 만들기 때문이다.

주위 사람들과 이야기를 나누어보면 '부재'에 대해서 외로움을 느끼는 경우가 상당히 많다. 함께 있어도 외롭게 만드는 사람처럼, 함께 하는 사랑인데도 그 사랑을 맘껏 표현하지 않아 사랑하는 사람이 곁에 있음에도 오히려 같이 있어 외로움을 주는 사람들. 상대를 사랑하는 것인지 상대를 사랑하는 내 마음이 안타까워서인지, 마음을 접지 못하고 매번 외로움을 당하더라도 곁에 있으려고 했다면 더 이상은 아니다.

함께 있어도 외롭게 만드는 사람이라면 그리고 그런 마음을 상대방에게 표현했는데도 변화가 없다면 앞으로도 기대하지 말길 바란다. 과감히 그 사람 곁을 떠나라고 말하고 싶다. 지금까지 내 감정적 투자와 내 사랑의 마음이 깊더라도 함께 있는데 외롭다면 그 관계는 손절했으면 한다.

외로움 근절 처방법, '뭐든지 해야 한다'
:

직장생활에서 외롭든 일상에서 외롭든 사랑하는 사람과의 외로움이든 그 외로움으로 인해서 괴로움이 찾아오고 마음이 너무 힘들다면 그때 잠시 멈추기를 권한다. 하지만 그 시간은 아주 짧은 시간이어야 한다. 너무 오랫동안 멈추게 되면 다시 일어날 힘이 점점 없어지기 때문이다.

도망가고 고립되고 남겨지고 하는 시간은 최대한 짧게 했으면 한다. 직장생활에서 밀리는 말년이든 꺾이는 청춘이든 외로움이란 것이 찾아와서 내 몸과 마음을 흐느적거리게 만든다면 그 같은 멈춤의 시간을 짧게 가지길 바란다.

시간은 흐른다. 외로움도 그렇다
:

외로움 속에서도 꽃은 핀다. 인터뷰에 응해준 지인들도 한결같이 끝에는 이렇게 말했다. "그런데 외로운 것도 그리 나쁘지만은 않았어." 시간은 흐르고 외로움도 흐른다. 그리고 그 속에서 인생의 많은 순간이 그렇듯 꽃은 핀다. 예스러운 표현이지만 전쟁터에서도 꽃이 피는데 외로움이라고 다를까……. 그러니 외로움을 받아들이며 시간을 보내자.

또 하나 나만 외로운 것이 아니니 그 점도 패스. 오죽했으면 정호승 시인은 '외로우니까 사람이다'라고 했을까. 그 시간들을 견디고 무엇인가를 위해 움직이다 보면 또 무엇인가를 성취하게 될 것이다. 문득 내가 한 인터뷰들이 오히려 그들을 외로움에서 빠져나오게 한 출발점이 되기도 한 것 같다. 그들이 더는 외롭지 않았으면 한다. 그리고 외롭더라도 그 외로움을 그 자체로 받아들이고 마침내 즐기기를 바란다.

나와 상대가
함께 그려나가는 관계

A라는 점이 있고, 조금 떨어진 곳에 B라는 점이 있다고 상상해보자. 현재는 각각 떨어져 있기에 서로 어떠한 관계도 아니다. 하지만 A점과 B점이 서로 연결되면 '관계'를 이루게 된다. A점과 B점을 연결하는 선은 일직선만 있는 것이 아니다. 다양한 모습으로 그려질 수 있다. 사람의 관계도 마찬가지다. 겉보기에는 전혀 관련이 없거나 상관이 없을 수도 있지만 선 하나로 인연이 되어 선후배 사이든 팀장과 팀원 사이든 친한 친구 관계든 각각의 의미 있는 관계가 생겨난다.

'선이 곱다'는 것은 가지고 있는 그 형태가 곱고 예쁘다는 말이다. 나는 이 말을 참 좋아한다. 사람과 사람 사이의 관계에 있어서도 선이 고운 관계가 있었으면 한다. 더 나아가 큰 동그라미 같은 넓은 관계를 만들었으면 한다. 그렇다면 동그라미는 어떻게 만들어질까? A점을 축으로 두고 B점이 열심히 돌아야 한다. 그러면 동그란 원이 완성된다.

그런데 만약 B가 '왜 나만 돌아야 하지?'라고 생각하게 된다면 어떻게 될까? 순간 흔들리거나 멈추게 되고 그러다 보면 예쁜 동그라미가 나오지 않는다. 일그러지는 것이다. 마찬가지로 A점이 축을 꽉 잡지 못하고 B가 움직일 때마다 흔들린다면 그때도 역시 예쁜 동그라미가 나오지 않는다.

관계도 마찬가지다. '내가 좀 더 노력해야 한다고? 그럼 나만 손해 보는 거 아니야?', '왜 나만 노력해야 해?', '저 사람은 변하는 게 없는데?' 이런 생각이 드는 순간, 동그라미 같은 좋은 관계는 만들어지지 않는다. A점은 'B가 좋은 관계를 위해서 열심히 이렇게 돌고 있구나'라고 생각하고, B점은 '내가 이렇게 잘 돌 수 있는 것은 A가 잘 붙잡아줘서 그렇구나' 하는 생각을 해야 한다. 그러한 마음을 읽어주어야 한다. 그러고서 A점도 B점도 각자의 자리에서 최선을 다할 때 선이 고운 예쁜 동그라미가 만들어진다는 사실을 잊지 말자.

북큐레이션 • 원하는 곳에서 꿈꾸고, 가슴 뛰는 삶을 살고픈 이들을 위한 책

《마음 읽기 수업》과 함께 읽으면 좋을 책. 남보다 한 발 앞서 꾸준함을 가지고 미래를 준비하는 사람이 주인공이 됩니다.

초영향력을 얻기 위한 13가지 액션 플랜

YES를 끌어내는 13가지 방법

김희영 지음 | 14,500원

**장소와 시간에 구애받지 않고
눈앞의 '그 사람'을 움직이게 하는 초영향력을 키워라!**

하루 24시간은 모두에게 공평하게 주어진다. 그러나 누군가는 점점 더 똑똑해지고, 누군가는 자신만의 개성과 장점을 살려내는 방법을 안다. 이런 차이는 어디에서 오는 것일까? 그리고 그 속에서 남들과는 다른 나만의 경쟁력은 어떻게 찾을 수 있을까? 바로 장소와 시간에 구애받지 않고 '상대방(고객)의 행동과 마음을 움직이는 방법'을 아는 일이 될 것이다. 더 나아가 상대방에게 내가 필요한 존재임을 알릴 수 있는 '초영향력 인재'가 되는 것! 그것이 새롭게 판이 짜여지는 앞으로의 시대를 리드하는 핵심 능력이 될 것이다. 언제 어디서든 상대의 마음을 움직이고 싶다면, 내 삶에 긍정에너지를 끌어올리고 싶다면, 비즈니스 협상에서 'YES'를 듣고 싶다면 지금 당장 저자가 풀어주는 13가지 방법에 귀를 기울여보라!

마음을 얻는 비즈니스의 첫걸음

비즈니스를 좌우하는 진심의 기술

김정희 지음 | 14,500원

**모든 것이 완벽해도 진심이 없으면 통하지 않는다
상대의 마음을 꿰뚫어보는 탁월한 기법!**

서울시, 송도국제업무단지, 삼성물산, 파라다이스그룹, 포스코건설, CNN 등의 빅 이벤트를 맡아 최고의 성과를 낸 저자는 작은 규모임에도 수주율이 높고 국내외 대기업들과 함께 일하며 PT 경쟁에서는 80퍼센트 이상의 승률을 자랑한다. 이렇게 할 수 있는 비결은 최고의 팀워크와 효과적인 광고, 뛰어난 기획력도 물론 중요하지만, 그보다 더 기본적으로는 '진심'이 있기 때문이다. 그래야 어느 일을 맡아도 가장 큰 효과를 낼 수 있다고 저자는 강조한다. 작은 것 하나도 허투루 넘기지 않고 섬세하게 사람들의 마음과 현장, 상황을 파악하는 '진심 비즈니스'는 가히 다른 어떤 것보다 효과적인 기술이라고 할 수 있다. 지속되는 불황과 넘쳐나는 광고로 사람들의 마음은 점점 닫혀간다. 그럴수록 이 책을 통해 사람의 마음을 만져 인간 본연의 가치를 잃지 않고 모든 상황을 타파하는 힘인 '진심'으로 무장하길 바란다.

당신의 뇌를 바꿔드립니다

강은영 지음 | 14,500원

세 살 버릇? 이제 끝낼 수 있어
성공 습관을 만드는 뇌 사용법

두뇌 유형
검사지 수록

《당신의 뇌를 바꿔드립니다》는 뇌의 메커니즘을 파악함으로써 억지로 노력하지 않아도 내가 원하는 행동을 실천하는 방법에 관해 소개하고 있다. 내 뇌의 유형을 알게 되면 그토록 어렵던 다이어트도 금연도 새벽형 인간도 쉽게 성공할 수 있고, 자유자재로 나만의 루틴까지 만들 수 있다. 책에 수록된 두뇌 유형 검사지를 통해 뇌 성향을 파악하고 나에게 도움이 되는 행동, 원하는 습관 만드는 방법, 뇌 의식을 긍정적으로 변화시켜주는 명상 방법 등 나에게 딱 맞는 성공 습관을 찾아보자. 뇌과학적으로도 인증된 '브레인 루틴'을 통해 기존의 습관을 버리고 새로운 습관을 만드는 순간, 인생의 변화가 시작될 것이다.

컬러는 나를 알고 있다

진미선 지음 | 15,500원

"색을 알면 내 마음도, 상대의 마음도 알 수 있다!"
나의 색을 알고 나답게 잘사는 방법

나만의 마인드
컬러 찾기

다양한 사람들을 만나 상담과 색채 심리 프로그램을 진행해온 저자는 자신의 색을 알아보고 자신의 컬러대로 살아가는 길을 안내한다. 책에 실린 나의 색을 찾을 수 있는 '마인드 컬러 자가진단표'와 '나의 상태를 알 수 있는 3가지 컬러', '마인드 컬러 보완색 찾기', '색으로 만나는 관계 패턴' 등은 이 길의 충실한 안내 지도가 되어준다. 현재에 만족하지 못해 돌파구를 찾는 사람, 관계로 힘들어하는 사람, 스트레스로 힐링과 휴식이 필요한 사람 등 어려운 시기를 살아가는 많은 이들에게 내가 착각하고 있는 나, 내가 바라는 나, 관계 속의 나를 알고 스스로를 돌아보는 방식을 제시해줄 것이다.